影响力心理学

苍洱 著

华文出版社
SINO-CULTURE PRESS

图书在版编目（CIP）数据

影响力心理学 / 苍洱著. -- 北京：华文出版社，2019.9
 ISBN 978-7-5075-5164-8
 Ⅰ. ①影… Ⅱ. ①苍… Ⅲ. ①社会心理学—通俗读物 Ⅳ. ①C912.6-0
 中国版本图书馆CIP数据核字（2019）第165766号

影响力心理学
YINGXIANGLI XINLIXUE

著　　者：	苍　洱
出版策划：	兴盛乐
责任编辑：	胡慧华
出版发行：	华文出版社
社　　址：	北京市西城区广外大街305号8区2号楼
邮政编码：	100055
网　　址：	http://www.hwcbs.com.cn
电　　话：	总 编 室 010-58336239　　发 行 部 010-58336267
	责任编辑 010-58336197
经　　销：	新华书店
印　　刷：	保定市西城胶印有限公司
开　　本：	880×1280　1/32
印　　张：	7
字　　数：	120千字
版　　次：	2019年9月第1版
印　　次：	2019年9月第1次印刷
书　　号：	ISBN 978-7-5075-5164-8
定　　价：	32.00元

版权所有　侵权必究

识人心是建立人际关系的第一步

美国行为科学的奠基人乔治·埃尔顿·梅奥曾经说过:"想要改变或影响一个人的心理,首先就要读懂这个人的心理特征,这是对其实施心理操控的制胜法宝。"在他看来,如果一个人想改变另一个人或者想让他人按照自己的意愿行事,其前提就是要充分了解此人的心理。如果没有这个前提作铺垫,你想改变别人是很难的。

现实生活中的人,只有两种:一种是被人掌控,一种是掌控别人。事实证明:掌控力强的人,更具支配力和影响力。他们都有坚强的意志、顽强的毅力、稳定的心理。他们从不轻易被外界所扰,也从不轻易被不良情绪所扰。他们能轻松驾驭自己,更能轻松掌控别人。

了解一个人的思想并非易事,但也是场非常奇妙的探索之旅。这世上没有哪一种事物比探索人心更有趣的了。只要你能通过他人的言语、行动、表情、习惯等参透一个人的内心,你做事的成功率就会大大增加,你想不干出一番事业都难。你对他人的内心了解得越深刻,你离成功就越近。

作为一名销售经理,你需掌握让消费者主动掏腰包的销售心理学;作为职场人士,你需掌握玩转职场的社交心理学;作为商界领袖或领导,你需掌握用言语、行为等影响他人的社交心理学;作为家长,你需掌握让孩子懂事、听话的教育心理学……

社会在发展,一切都在与时俱进。如果你的思维模式跟不上时代的步伐,你仍陷在老套的思维中按部就班、因循守旧,那么你注定只能处于被别人支配的境地。不得不承认,那些善于揣摩别人心理的人更容易取得成功。

心理学研究的是人脑的机能,即人脑对客观物质世界的主观反映。可以说,心理是人们一切行为的操控者,要想操控别人的言行,要想别人按照自己的意愿行事,就必须首先了解别人的心理。而事实证明,它确实有着改变世界的无形力量。

生活中的人,大多数都是有理想、有目标、有追求的人,但却有很多人做着自己并不情愿做的事,从事自己并不喜爱的工作,过着自己并不想要的生活。我们或许因被别人使唤来使唤去而懊恼,或许因被人奚落和取笑而难堪。为何会发生这样的窘事?其根本原因在于我们没有参透他人的真实心理。所以,在他们看来我们说的话入耳不入心,我们做的事总是费力不讨好,甚至让人反感。如何突破这些障碍,将人际交往的主动权握在手里,在不受控的情况下影响他人,顺利地走向成功?这就需要我们学习和运用一些实用的影响力心理学知识。

鉴于此,我们编纂了本书。本书涵盖面广,不仅有心理掌控的必备常识,更有如何通过他人的言语、行为准确分析和判断其心理状态的生活实例。既有影响人类行为的十大心理学效应和支配他人必备的六大影响力心理学，又有社交心理学、职场心理学、育儿心理学以及如何做到反向掌控、支配企图支配你的人等内容。希望各位读者朋友能够通过阅读本书，掌握影响支配他人的心理方法，提高"掌控心理"技能，为各自的交际活动提供有效的帮助。

本书从当代人的工作生活实际情况出发，从肢体动作、外在形象、语言等方面提供了大量的阅读人心的技巧。为你轻松摆脱人际关系困扰，有效处理日常人际关系提供了很多实用性的攻心技能。掌握了这些，你便可以摆脱令人焦虑的现状，建立和谐融洽的人际关系，排除工作和生活中遇到的困难，获得心仪之人的爱。

世界盛名的心理学家斯金纳曾说过一句非常经典的话："人可以什么都不会，但必须有认清他人心理的能力。"然而，我们都知道，人的内心世界是非常复杂而多变的。虽说复杂也并非没有规律可循。一旦我们了解了人内心的变化规律，便可以知晓其内心影响力的想法和情感，进而掌控对方、战胜对方，摆脱他人的支配，做自己人生的主人。

第1章 你要玩转心理学
——影响他人必备的常识

你需要了解的十大心理学效应 / 003

影响他人必备的六大影响力心理学 / 006

第2章 小动作大魔力
——通过肢体动作洞穿他人的心理

法则1：利用"握手"方式巧识人 / 015

法则2：通过"吸烟"动作巧识人 / 018

法则3：通过"开车"方式巧识人 / 020

法则4：通过"挤牙膏""刷牙"动作巧识人 / 023

法则5：通过"打电话"动作巧识人 / 026

法则6：通过"目光"看穿对方的目的 / 028

法则7：通过眼部动作判断对方的性格及内心活动 / 032

法则8：通过"鼻子"判断对方的性格 / 034

法则9：通过"饮食"看穿对方的性格 / 036

第3章 形象VS颜值
——用外表吸引他人的社交心理学

法则10：巧用"笑容""迷惑"对方 / 041

法则11：巧用"饰物"让颜值爆棚 / 044

法则 12：巧用"色彩"为自己凝聚人气 / 047

法则 13：巧用"服装"增强自身形象魅力 / 049

法则 14：巧用"近因效应"搞定人际关系 / 052

法则 15：巧用"第一印象效应"博得好感 / 054

第 4 章　怎么说别人才会听
——用言语影响他人的暗示心理学

法则 16：善用"夸赞"达到目的 / 061

法则 17："随机应变"说服不同对象 / 063

法则 18：善用"喜欢你"获得别人好感 / 066

法则 19：巧用"没话找话"来迎合他人 / 069

法则 20：巧用"敬语、谦词"赢得尊重 / 072

法则 21：先"满足"对方需求以保全自身 / 075

法则 22：通过"口气"探知对方的心理 / 077

法则 23：称呼"姓名"来增加亲密度 / 079

法则 24：用"你是对的"来获得其认同 / 082

法则 25：用"我不知道"来增加人气 / 084

法则 26：在背后"说人好话"赢得人心 / 087

第 5 章　谁敢给你使绊子
——在职场如鱼得水的实用心理学

法则 27：让员工"心灵快乐"的管理法 / 093

法则 28：让员工"为幸福工作"的激励法 / 096

法则 29：给上司留"空间"获得其器重 / 099

法则 30：给领导"解难"获得其器重 / 102

法则 31：为上司"担过"赢得其信任 / 104

法则 32：巧用"隐瞒语"调和职场关系 / 107

法则 33：不"轻许承诺"给自己留余地 / 109

法则 34：以"请教"的方式给上司提建议 / 112

法则 35：以"不争论"的方式说服同事 / 115

法则 36：分享"功劳"让大家都有成就感 / 117

第 6 章 不买也想买
——让客户主动掏腰包的销售心理学

法则 37：先做"知心人"后赢得顾客心 / 123

法则 38：以"好奇心"挑起顾客的兴趣 / 126

法则 39：以"短缺假象"吸引消费者 / 128

法则 40：用"比较法"让顾客作决定 / 130

法则 41：用"耐心"激起顾客的购买欲望 / 133

法则 42：以解决"投诉"促成再次销售 / 136

第 7 章 如何俘虏 Ta 的心
——让异性钟情于你的爱情心理学

法则 43：通过"赞美"赢得芳心 / 143

法则 44：制造"偶然"深得芳心 / 145

法则 45：增加见面次数以俘获芳心 / 148

法则 46：利用黄昏时约会以获芳心 / 150

法则 47：用点"心计"轻易俘获男神 / 152

法则 48：软硬兼施捕捉心仪的"猎物" / 155

法则 49：保留神秘感更会增加亲密感 / 158

法则 50：将"柔弱"当作制胜的武器 / 161

第 8 章 棍棒出孝子
——让孩子懂事听话的育儿心理学

法则 51：敞开心扉取得孩子的信赖 / 167

法则 52：信任孩子并让孩子竖立自信 / 169

法则 53：给孩子控制权促使其独立 / 172

法则 54：正确纠正"出格"的孩子 / 174

法则 55："温和"讲话让孩子更听话 / 177

法则 56：通过讲故事说服倔强的孩子 / 180

法则 57：不打不骂让孩子改正错误 / 183

第 9 章 怎样摆脱被支配
——反向掌控他人的法则

法则 58：识别"谎言"摆脱受控局面 / 189

法则 59：识破"骗局"摆脱受控局面 / 192

法则 60：坚守"原则"摆脱受控局面 / 195

法则 61：避免"心智"被他人左右 / 197

法则 62：免受"他人"压力的驱使 / 200

法则 63：免受"瓦伦达心态"的支配 / 203

法则 64：通过"平衡心理"摆脱困局 / 206

后 记 / 210

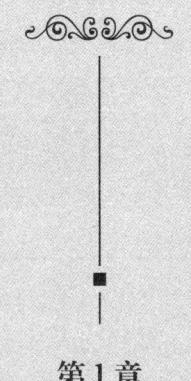

第1章

你要玩转心理学

——影响他人必备的常识

影响力心理学无处不在！它就在你我的身边，就潜伏在我们日常工作、生活的角角落落。为何有的人心甘情愿听从别人的调遣？为何有的人会在无形中被他人征服？……其实，这一切都源于对心理的掌控。现实中，我们不是支配别人，就是被别人支配。因此，为了社交场上随时能够处于主动地位，你需要掌握必备的影响力心理学！

你需要了解的十大心理学效应

想要不被他人影响并影响他人,就需要了解并掌握心理学的十大效应。它们分别是蝴蝶效应、羊群效应、木桶效应、鲶鱼效应、晕轮效应、近因效应、马太效应、仰巴脚效应、第一印象效应、皮革马利翁效应。

(1)蝴蝶效应

美国麻省理工学院气象学家洛伦兹认定他发现了新的现象,即"蝴蝶效应"。只要南美洲亚马逊河流域热带雨林中的蝴蝶拍一拍翅膀,就会在几个月后引起美国得克萨斯州的一场龙卷风。蝴蝶效应其实说的就是"一件事"对事情结果的影响,只改动了一点点数据,其计算结果就会相差十万八千里,如下式:

$$1.01^{365}=37.8$$

$$0.99^{365}=0.03$$

(2)羊群效应

羊群效应讲的是,一个羊群(一个集体)极有可能是一个散乱的组织,大家平时在一起很盲目地随波逐流。如果有一只羊发现一片肥沃的青草地并吃到了新鲜的青草,后来的羊群就会一哄而上，争着抢食那里的青草。这个时候，羊群里的羊就只顾着大快朵颐，全然不顾旁边虎视眈眈的狼，或者它们根本看不到其他地方还有更好的青草。

（3）木桶效应

木桶效应，也称木桶原理，是由美国管理学家彼得提出。说的是由多块木板构成的水桶，其价值在于盛水量的多少，但是决定其盛水量多少的关键因素却是最短的那块板。也就是说任何一个组织都可能面临一个共同的问题，即构成组织的各个部分往往是优劣不齐的，而劣势部分却往往决定着整个组织的水平。

若仅仅作为一个形象的比喻，"本桶效应"是极为巧妙和别致的。但是随着它被越来越频繁地应用，在越来越广泛的应用场合，已由一个单纯的比喻上升到理论的高度。这由许多块木板组成的"水桶"不仅可以象征一个企业、一个部门、一个班组，也可以象征某一个员工，而"水桶"的最大容量则象征着整体的实力和竞争力。

（4）鲶鱼效应

挪威人向来爱吃沙丁鱼。他们在海上捕到沙丁鱼后，如果能让它们活着抵达海港，售价就会比死鱼高好几倍。但是，由于沙丁鱼天性懒惰，不喜运动，返航的路途又很长，因此捕捞到的沙丁鱼往往一运到码头就死了。有一位渔民，他的沙丁鱼总是活的。当人们问及原因才知道，原来，他的鱼槽里有一只鲶鱼。当鲶鱼装入鱼槽后，因为环境陌生，鲶鱼就会四处游动，沙丁鱼也会立刻紧张起来，也不停地游动。于是，活着的沙丁鱼便被带到了港口。这就是所谓的"鲶鱼效应"。

（5）晕轮效应

人们对别人的认知和判断往往只是从局部出发，进而再扩散、得出整体印象，但常常也是以偏概全。如果一个人被标明是好的，他就会被一种积极肯定的光环所笼罩，并被赋予一切都好的品质；如果一个人被标明是坏的，他就被一种消极否定的光环所笼罩，并被认为具有各种坏品质。这就是晕轮效应。

（6）近因效应

在学习和人际交往中，近因效应很常见。当多种刺激一起出现的时候，印象的形成主要取决于后来出现的刺激。言外之意就是，在人际交往中，我们对他人最近、最新的认识占有主体地位，甚至会掩盖以往形成的对他人的评价，因此，也称为"新颖效应"。比如，多年不见的老友，在脑海中的印象最为深刻，可能就是临别时的情景；一个朋友总是让你生气，谈起生气的原因，可能只有两三条，这些都是近因效应的表现。

（7）马太效应

马太效应是指好的愈好、坏的愈坏、多的愈多、少的愈少的现象。其称谓来自于《圣经·马太福音》中的一则寓言。罗伯特·莫顿将"马太效应"归纳为：任何个体、群体或地区，一旦在某一个方面获得成功和进步，就会产生一种积累的优势，进而会有更多的机会以取得更大的成功和进步。这一术语后被经济学界借用，反映的就是经济学中贫的越贫、富的越富、赢家通吃的收入分配不公的现象。

（8）仰巴脚效应

仰巴脚效应是指人们更倾向于喜欢精明又有小缺点的人。意思是说精明之人在无意中犯点小错误，不仅不影响他们的优点，反而会使人觉得他很正常且更有平凡的一面，使人易于接受。

（9）第一印象效应

如果有30道题，让两个学生（A和B）来完成。他们分别做对其中的一半。让A做对的题目尽可能地出现在前15道题，让B做对的题目尽可能地出现在后15道题，然后让一些人对两个被试的学生进行评价：谁更聪明一些？结果发现，多数人都认为A更聪明。这就是第一印象效应。人与人在第一次交往中给人留下的第一印象，会在对方的头脑中形成并占据主导地位，这就是第一印象效应。

（10）皮格马利翁效应

由美国著名心理学家罗森塔尔和雅格布森提出。暗示在本质上是指人的情感和观念，会不同程度地受到别人下意识的影响。人们会不自觉地接受自己喜欢、钦佩、信任和崇拜的人的影响和暗示。

你期望什么就会得到什么，你得到的或许不是你想要的，但是你所期待的。只要充满自信地期待并相信事情会顺利进行，事情就一定会顺利进行。反之，假如你相信事情受到阻力，阻力就会产生。但凡成功的人，都会培养充满自信的态度，相信好的事情一定会发生。这就是心理学上所说的皮格马利翁效应。

影响他人必备的六大影响力心理学

影响他人必备的影响力心理学包括：洗脑、催眠、诡辩、心理暗示、舆论效应和攻其软肋六个方面的内容。

(1) 洗脑

洗脑,即所谓的意志引导,通过心理诱导让别人跟着你的思路走。洗脑的第一步是让某人接受并灌输某个动作,然后再给他洗脑,即我们平时所说的心灵控制。

当然,很多灌输都以崇高的目的作为伪装,实则是欺骗人们接受某个灌输动作后才对其进行逐步洗脑的。所以,避免不被洗脑,关键是要发现某个灌输的动作并坚决抵制这个动作。

洗脑,说白了就是一种心灵控制。这一技术对人控制的另一个重要理论是,任何人在意识层面都有其弱点,而人的意识便是心灵的保护层,用来保护脆弱敏感的潜意识。但是,只要是正常的人,他的这层保护层都会有不同程度的弱点。比如某人有些伤心的过往,当某个谈话内容涉及其伤痛的时候,其意识的拦截能力就会显得异常薄弱。这时,潜意识的信息便会发酵,造成感情的波动。此时,当事人可能会陷入到悲伤的往事中,或出现过激反应。所以,心灵控制术成功的关键是寻找并利用人的这一弱点。

只有了解关于洗脑术的相关内容,才会更容易识别外界的种种信息,才能摆脱他人对自己的影响。从而锻造自己强大的内心堡垒,并按照自己的意志对他人予以支配。

(2) 催眠

催眠,是人们比较熟悉的字眼。在人与人的交往中,适当地采用催眠技巧会起到令人意想不到的神奇效果。催眠的定义不只是让人进入似睡非睡的状态,比如你拿起手机自拍,上扬嘴角,露出微笑,就是一种自我催眠。

一提到催眠，很多人很自然地就会将其与洗脑联系起来。其实，催眠和洗脑还是有很大区别的。催眠是一种超级放松的心理技术，而洗脑则是改变我们思想的技术。

那么，催眠到底是怎么回事呢？科学家早在150多年以前就对这一现象进行了研究，但直至今日也没能彻底弄清楚催眠的真谛。有人认为催眠之法打开了通向人类潜意识的大门，有人认为恍惚是非睡非醒的心理边缘状态，有人干脆认为催眠就是伪科学。但是，无论人们持何种观点，有一点是毋庸置疑的，即人处在催眠状态下最容易接受来自外界的暗示，甚至可以让他做出一些反常的举动，因为在催眠状态下，大脑和身体都不由己。

催眠现象无处不在，在生活中，不是我们在影响着别人，就是别人在影响着我们。很多时候，我们无意识做出的行为却得到很糟糕的结果，但我们却并不察觉。通过催眠他人，你除了可以大幅度地增加自信外也可以更好地了解自己，并认识心智的运作方式，进而快速改变个人的某些不良习惯，达到影响他人的目的。

（3）诡辩

诡辩，其实就是有意地把真理说成是错误，把错误说成是真理的一种狡辩。用一句简单明了的话来说，就是有意地颠倒是非、混淆黑白。

善于诡辩的人，从表面上来看，似乎能言善辩，说得很有道理。他们在写文章或讲话的时候往往滔滔不绝，振振有词。他们每论证一个问题，也总是可以拿出许多"根据"和"理由"来。但是，这些根据和理由都是经不起推敲的。他们只不过是主观地玩弄一些概念，搞些虚假或片面论据，做些歪曲地论证，目的是为自己荒谬的理论和行为做辩护。中国人的善辩举世闻名，在古代甚至有"说客"的专职。

诡辩是实践上错，逻辑上对。

诡辩有很多形式，这些形式都有一定的特点。比如，似是而非、白马非马、割裂联系等。了解诡辩的特征对正确理解诡辩非常有帮助。

偷换概念式诡辩是一种诡辩伎俩，在辩论中我们千万不可掉以轻心。如果我们对这种伎俩缺乏理性的剖析能力，有时反而会形成窘迫的局面，有"理"的一方暗自憋气，无"理"的一方却趾高气扬。

对诡辩的反驳关键要抓住实质，击中要害。因为实质性的问题其实就是要害问题，实质决定了问题的基本倾向，抓住它，就可以置诡辩于死地。

日常生活和工作中，不是每个人都是雄辩家，但我们完全可以掌握一些诡辩的技巧，在必要时给对方施加言语上的影响，从而让对方无言以对、束手就擒。

（4）心理暗示

"暗示"是一种自我或他人的言语、文字、手势、情景等对自己心理上的作用，这种作用会使人按一定的方式接受某种信念与意见并付诸行动。"暗示"的特点在于接受暗示的人在暗示的作用下，不需经过说理论证，不需进行分析批判，就盲从、附会地接受这种"暗示"的意见和解释。

人们为了追求成功和逃避痛苦，会不自觉地使用各种暗示的方法，比如困难临头时人们会相互安慰："快过去了，快过去了。"从而减少忍耐的痛苦。人们在追求成功时，会设想目标实现时非常美好、激动人心的情景。这个美景就对人构成一种暗示，它为人们提供动力，提高挫折耐受能力，保持积极向上的精神状态。

你在向潜意识示意的时候，一定要用些美好的暗示，像那些能治愈人的、能保佑人的、能激励和启迪人的话语。切记，你的潜意识不会识别"开玩笑"，它会把什么都当成是真的来接受。

自我暗示可以用来消除恐慌和消极的心态。"暗示"在我们生活中无处不在——影视作品、广告、报刊在传播着各种信息；在与人交流中，别人的话会对自己产生影响，自己的想法也会对自己的某些行动起很大作用。因此，"暗示"又可分为自我暗示和他人暗示。

当我们希望别人成为我们希望的人时，就应该给他传递积极的信息，告诉他可以成为这样的人。你希望他成为什么，他就积极成为什么。

你要记住，有两种人难以唤起暗示：一种是无法理解你所说的话、头脑不健全的人，另一种是不愿意去理解的人。

（5）舆论效应

在我国著名古籍《史记·张仪列传》中有句话："众口铄金，积毁销骨。"可见舆论威力之大。在某个事件中，如果你想影响别人、战胜对手、达到目的，在必要时不妨试试使用舆论对其施加压力。

在现实中很多人都懂得利用舆论，甚至利用流言蜚语来攻击他人。即使没有恶意，有时候传言对当事人也会造成重大的伤害。因为一般人们要直接传话，他人不会相信。但若是由毫无利害关系的人传话，被传话的人就会容易接受。

在与人有竞争性的交往中，如果你无端受到他人的压制，就应想办法削弱对方的自信心，打击对方的意志力，此时不妨借助一下舆论的压力。要知道谣言有时候是造成他人伤害的"核武器"，你完全可以好好利用这个武器影响他人。

（6）攻其软肋

无论是伟人、圣贤还是哲人，亦或是凡夫俗子，都有弱点。我们只要多动脑筋，对这些弱点巧加利用，抓住对方的特点，迎合对方的兴趣爱好，一切都能得心应手，如你所愿。

抓住他人的弱点达到计划的目的，在生活中，我们也可以看到很多这样的例子。商人就是看透了一些人们随大流、盲从的弱点，从而谋取更大的利益。随处可见当节假日来临时各大商场、超市人山人海，顾客接踵摩肩，疯狂购物，就好似里面的东西不要钱。因为每到节假日，商家们都推出各种让利促销活动，什么"跳楼价""出血价"或是购物满多少就返多少钱，有的顾客为了能够拿到赠品，便购买一些自己不需要的东西，以达到获赠的额度。盲目跟从，购买了一些自己本不需要的东西，反而增加了消费。商家也因此达到了销售的目的。

我们做事也是一样，在与别有用心的人共事时，应该抓住对方的弱点，集中攻取一点，从对方最重要、最软弱的地方下手，这样对方就会措手不及，其不可告人的目的就很难得逞。

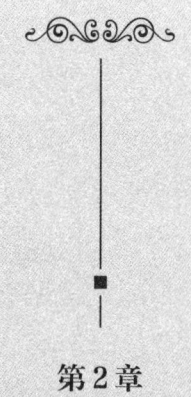

第 2 章

小动作大魔力
——通过肢体动作洞穿他人的心理

生存状况为阐释人类的行为提供了良好的实验机会。一个人在某一段时间内可能会同时发生许多动作，也可能连续发生一系列的动作。有时候，一个微妙的眼神、一个不经意的笑容、一个细微的小动作，都可能暴露你的意图，决定你的成败。那些被我们所忽略的"小动作"就是有着如此大的魔力。正是这些微妙的"小动作"，决定了我们在与他人的交往中是影响别人，还是被别人影响。

法则1：利用"握手"方式巧识人

握手，是人们在交际场合中司空见惯的礼仪，不仅常用在人们见面和告辞时，更可作为一种祝贺、感谢或相互鼓励的表示。它看似简单，却是与陌生人进行沟通、交流、增进关系的重要手段。

你完全可以通过对方跟你握手时的表情、力度判断出对方是否愿意与你交往。有的人把握手当作一种形式，草草了之。这样的握手明显表明其不愿与对方继续交往下去。假如，对方持久地握着你的手不放并用力适中，说明对方对你很有好感，希望关系继续。

一项新的研究再次支持了关于握手的一贯看法，即一次有力的握手不论对男人或女人来说都有利于给对方留下深刻印象。研究人员发现，良好的初次印象确实与握手时的各种特点，如力量、激情、持续时间、目光交汇和紧握程度等有实质性联系。

和说一百句话相比，用力握手一次，更能瞬间拉近彼此的亲密度，它可以发挥缩短与对方距离的最大效果。

正因为如此，国外政治家在选举期间会大量外出与选民握手。比起聆听冗长寻常的演说，选民通常会将神圣的一票投给和自己握过手的候选人。这种借由亲肤关系的沟通方式，比起利用语言的沟通方式更具影响力。

握手不光是一种礼节。当两只不同的手碰在一起,手指稍弯,即握在一起时,它会将感情迅速地传递给对方。

有一年的圣诞前夜,美国的一个珠宝店快打烊的时候,从外面进来了一个30多岁的男子,他穿着一套起皱的西装,领带也没有系。他在珠宝店里转悠,一副心不在焉的样子。终于,他的目光定格在一条镶有7颗钻石的手链上,要求店员把手链拿给他看一看。店员是个姑娘,她迟疑了一下,还是按他的请求拿出了手链,递给他。

在观看了一会儿后,男子把手链还给了姑娘,忙着往外走。姑娘小心翼翼地将手链放回原处。突然,她看见手链上的钻石只剩下了6颗。她紧走了几步,在珠宝店门口追上了男子,伸出右手微笑着说:"先生,祝您圣诞快乐!"

男子稍微迟疑了一下,也伸出了右手,握住了她的手,笑着说:"谢谢!"说完,他转身走出门外。这时姑娘感觉右手心多了个硬硬的小东西,一看竟然是那颗钻石。

故事到这里还没有结束。10年后的一个圣诞前夜,还是在这家珠宝店里,一位40多岁的富商握住了珠宝店女老板的手:"谢谢你,是你给了我自尊,给了我生存的智慧!"这个富商,就是10年前的那个男子。而珠宝店女老板,就是当年的店员。

至此,我们应该明白,面对一个陌生人,当他热情地握住你的手的时候,你和他之间已经开始了一段激动人心的交往旅程。

他内心的情感此时正在通过掌心的温度传递给你。

不过，握手看似简单，我们也要遵守一些必备的礼仪规范。

首先，握手的姿势要优雅，上身应稍稍往前倾，两足立正，伸出右手，距离对方约一步；四指并拢，拇指张开。离对方太远或太近都是不雅观的，尤其不要将对方的手拉近自己的身体区域内，这很容易造成对方的误解。

握手时必须上下摆动三至七下，而不能左右摇动。当遇到比较熟悉的人或想要深交的人时，为达到某种情感的效果，可以伸出双手行握手礼。

其次，一般情况下，握手时要用右手，这是一项不成文的规定，伸左手显得不礼貌。

伸出的手应垂直，如果掌心向下握住对方的手，则显示一个人强烈的支配欲，这是无声地告诉别人，你此时处于高人一等的地位，应尽量避免这种傲慢无礼的握手方式；相反，掌心向上同他人握手，则显示一个人的谦卑与毕恭毕敬。

如果是伸出双手来接，就更是热情与恭敬的表现。平等而自然的握手姿态是两人的手掌都处于垂直状态，这是最普通也是最常用的握手方式。

最后，初次见面握手时间不宜过长，以3秒钟为宜。切忌握住异性的手久久不松开，当然与同性握手的时间也不宜过长，以免对方难堪。

此外需要注意的是，握手时的力度要适当，可握得稍紧些，以示热情，但不可太用力。男士握女士的手应轻一些，不宜握满全手，只握其手指部位即可。

法则 2：通过"吸烟"动作巧识人

心理学家认为，抽烟的动作，是一个人处理各种生活压力和表达喜怒哀乐以及各式感情的重要表现。因此，仔细观察一个人的抽烟动作，便可大致窥见其性格和心理。比如使用烟斗吸烟的人就比吸卷烟者更为深沉、稳重、老练。

吸烟人的动机各有不同，姿态也因人而异，因此我们可以从中大致窥见瘾君子的"烟品"及性格。

一般来说，习惯把大拇指放在嘴边吸烟的人，意志较为坚定，富有独立性，也较为自负，讨厌别人对他发号施令，无论什么问题，若自己不发表一点意见，就会觉得不得劲；敞开手指拿烟的人，多敏感而细心，但这类人情绪不稳定，表面上看非常任性且不太容易亲近别人，实际上却是随和又喜欢与别人相处的人；用指尖夹烟的人，性格温和，做事总会为别人留有余地，多半抱有消极态度，这种人心地善良，不喜欢冒险；用指腹夹烟的人，为人踏实，做事毫不含糊且可以被信任。

略扬起头以嘴角抽烟的人，有自信。不过，处事过于勉强又自视过高。但即使发生纠纷或失败，也具有突破难关的冲劲，将来很有发展。抽烟时伸直拇指顶住下巴的人，具有强烈的阳刚气，不服输，具有挑战心。前途有望，适合成为高级管理人员。

毫不在意烟灰过长的人，通常正在思考。如果平常都是这样的抽法，多半是对自己失去信心、身体状况不佳、感到自卑的人。

啃咬烟嘴的人，被称为自虐型的人，当发生问题时很容易把责任归罪在自己身上。嘴上叼着烟工作的人，是对自己的工作带有自信或繁忙的象征，这种动作常见于记者或律师。如果自己的能力没有得到旁人的认可，他们会强烈反抗或意志消沉，工作的失败与成功呈两极化。

急速吸烟的人比较性急、易怒，好恶明显。这类人通常对两个以上的工作感兴趣。吸烟时两眼不停眨动的人，是一个机警、难以亲近的人。

口中喷烟，使烟浮动且以此为乐者，必定是一个好静而不喜欢动的人。吸烟时向上吐烟者，多是积极、自信、骄傲、有主见、地位优越的表现。向上吐烟的速度越快，说明其优越感和自信心越强。朝下吐烟，则显示此人情绪消极、意志消沉、心有疑虑、信心不足，企图遮掩某件事情。向下吐烟的速度越快，则越显示他的六神无主，或阴沉、沮丧的心情非常强烈。

吸烟时不向前吐烟，而将烟从嘴角吐出者，给人一种诡秘感。吸烟时从鼻孔喷烟的人，这种人往往给人一种自负的感觉。但如果吸烟者总是低着头用鼻孔喷烟，则表现出一种焦虑、愁苦的心理状态。从鼻孔或嘴角两端吐烟的人，这类人对工作的热情起伏不定，而身体状况也不稳定。喜好能一决胜负的事物，但做任何事都无法顺遂己意，常因欲求不满而烦恼。

根据法国动作心理研究家贝尔杰先生的研究，香烟的熄灭方式也能反映一个人的心理状态。换句话说，满足自我欲求后的处理方式最能暴露人的原有的性格。

把仍然冒烟的烟蒂丢在烟灰缸里的人，多半以自我为本位，性格懒散，不能很好地完成他人所托付的事，对金钱也毫无概念。这种人能真实表现自我感情却受人排斥，是经常遗忘东西、遗失物品的疏忽型类人。

按压烟头熄灭的人，这是欲求不满的动作之一。这类人体力充沛，但因无法适当处理欲望而感到焦虑。不过，他们积极上进，通常受到上司的信赖。轻轻敲打将烟熄灭的人，处事慎重，对人态度温和。此类人的缺点是不能完全表达自己的意见，有时举棋不定，但具有领导能力。

将在烟灰缸里的烟蒂用水浇熄的人，神经质、操劳型，总是过于在意他人而小心翼翼。用脚踩熄烟蒂的人，具攻击性、不服输；有虐待狂的倾向，喜爱讽刺他人，经常感到不满，在意他人的过失。

没抽几口就把烟捻熄的人，表示想尽快结束谈话，或已下定决心要做某一件事情，或者此人此时正处于怒火冲天的情绪中。

吸烟时不断敲打烟灰，每抽一口就敲一次的人，显示出内心有冲突，有什么事正令他心烦，或让他忧虑不安。

法则3：通过"开车"方式巧识人

一个人控制汽车的方式和控制自己的方式，有许多相似之处。如果把车子视为一个人肢体的延伸，那么开车的方式就是肢体语言的机械化身。一个人在方向盘后的举动，反映出他每天的心情与态度。

按规定速度开车的人,对他们而言,开车不过是为了带他们到要去的地方而已,而不是一种真正快乐或刺激的经验。他们守法,尽自己应尽的义务,绝不少报所得税,通常以平稳、容易控制的速度开车。他们做任何事情都是中庸的态度,即使有很大的把握,也不会骤然冒险。他们为人可靠,不马虎,可能很适合在政府机关上班。

行车速度比规定速度慢的人,坐在方向盘后面令他们觉得害怕,觉得无法操纵一切。他们总是避免把东西放在自己手里,如果有人授权给他们,他们立刻把权限缩至最小。他们嫉妒他人不断超越他们,而他们胆小怕事的个性也令他们的家人、朋友失望。

超速行驶的人,不会受制于任何人。他们很积极,而且憎恨权势。他们不允许他人为其设限,如果有人企图这么做,他们会用极端而且可能很危险的方法来维护自己的独立、自主。他们的父母和老师很有可能都十分严格,而超速行驶是他们发泄心中怒气的唯一方法。

习惯在马路上大声按喇叭的人,在现实生活中,他们喜欢尖叫、大喊、发脾气。他们面对挫折的应变能力极差,经常觉得受别人的威胁。他们通常以一连串的高声谩骂,来表达心中的焦虑和不安,发怒的程度完全和刺激他们生气的原因不合。他们做事无效率、无能力,即使什么也没干也总是显得匆匆忙忙。

不习惯频繁换挡的人,希望所有事情都安排得好好的。他们比较喜欢寻找自己的生活方式,即使有时候这么做遭遇的困难比较多,他们也很少向他人请教。可能不需要别人告诉他们该怎么做,常常是他们告诉别人该怎么做。他们是实践家,凭直觉行事，而且喜欢把事情揽在自己身上，绿灯一亮，抢先往前冲。凡事比别人抢先一步是他们生存的方式，他们喜欢胜利的感觉，因为他们不想被烙上失败者的标记。他们认为积极有竞争力，才能够成功。只要有一条线，他们总是第一个站在线上的人。他们不是向前看，而是向后看——别人离他们还有多远。

绿灯亮后，最后发动车的人，觉得这样很安全，有保障，用不着和他人争吵。没有人会伤害他们，他们让别人挤破头去拿第一。他们早已学到，只要不锋芒毕露，就不会遭人拒绝或被人伤害。他们把这个观念也用在其他地方，让他人先走，他们就不必与之竞争了。

不学开车的人常常置身于依赖和无助的情境中。这增加了他们的自卑感，因为他们受制于他人。在他们生活的各个领域中，他们也是习惯退居积极者的背后。他人对他们的评价驾驭着他们的一举一动。

永远没有驾照的人，擅长告诉别人他们要怎么做，但做出来的成果却往往与他们所说的相去甚远。不过，只要有足够的刺激，他们最后还是会把事情做完。他们把自己想象成赢家，但心中却暗自害怕会输。他们天花乱坠的言辞可能说得斩钉截铁，但其行为却消极得很。他们的拖延战术不但已经变成了一种再自然不过的行为，而且已经形成了一种模式。

习惯坐后座的人，他人的成就令其有被威胁之感，因为他们害怕自己想贡献心力时不为他人信任与接受。他们喜欢别人依赖他们，希望在他们做决定之前，先来问问他们的意见。他们需要一再证明自己的重要性。

法则4：通过"挤牙膏""刷牙"动作巧识人

日常生活中，每个人都会有各自的生活习惯，有时候一个不经意间的小动作就会暴露其内心。比如，我们可以从挤牙膏和刷牙的动作来观察别人。

我们每天都会刷牙，不同刷牙姿势的人在性格上也有细微的差别，下面对此进行一些简单的介绍。

（1）挤牙膏

挤牙膏有一定的学问。心理学家发现，通过挤牙膏也可以观察出一个人的性格。

有的人使用牙膏时非常谨慎。在通常情况下，他们会轻轻地挤压。这种人的感情多比较丰富和细腻，温柔随和，比较浪漫，不轻易发怒，能体谅和宽容别人。但作为长辈，多会对小辈表现得过分溺爱。

有的人在使用牙膏时一次会挤出很多很多，这样的人通常大手大脚，在各方面一点也不懂得节俭。

有的人在使用牙膏的时候特别节省，这样的人在生活中知道节俭，但有些保守，中规中矩，显得死板，缺乏生机。除此以外，这种人多比较理智，不会有过激行为。

有的人把牙膏用到连牙膏管都卷起来了，这样的人多是具有勤俭的美德，轻易不肯浪费任何东西，一旦浪费了，心里就会感到特别不舒服。这样的人在生活中多是踏实、勤奋的人。

有的人习惯于从牙膏管中间挤牙膏,这样的人追求快速准确地达到目的。目光多是不太长远,他们对现在的关注程度要远远超过未来,可以算得上是一个及时行乐者。

(2) 刷牙

不仅挤牙膏可以暴露性格,刷牙方式也会暴露一个人的内心。

有的人在刷牙的时候采取的是上下刷的方式,这样的人一般自主意识比较强,不喜欢受他人的限制和约束。生活态度比较积极,即使遇到一些挫折和磨难,也能够以一种相对比较乐观的态度去面对。所以在他人看来,这样的人是能够给别人带来欢乐的,并且是值得依赖的。所以他们通常能够营造出比较和谐的人际关系。

有的人在刷牙的时候采取的是左右刷的方式。这样的刷牙方式一般来说是不太正确的,但既然已经形成了习惯,可能也就感觉不出错误来了。这种人身体里多潜伏着不安分因子,他们非常叛逆,但缺乏宽容心和忍耐力,经常会因一些小事而和别人闹得很不愉快。所以,这样的人若不多加注意的话将很难营造出相对良好的人际关系。

有的人只是在早晨起来的时候才刷牙,这样的人一般来说是相对比较注意自己在他人眼中的形象,同时他们也在朝着把自己最好的那一面呈现在他人面前的方向不懈努力。

与上一种人恰恰相反,有的人只是在晚上临睡前的时候才刷牙。这样的人多比较缺乏安全感,所以凡事总是做得妥妥当当,以使自己安心和放心。这样的人为人处世多比较干脆和利落,没有过多庞杂而又没有具体意义的琐事。他们多追求在最短的时间内以最小的精力来完成一件事。他们往往对结果不要求尽善尽美，说得过去就可以了。

有的人使用冲牙机清洁牙齿，这样的人对于接受新鲜事物的能力一般来说是很强的，但有喜新厌旧的倾向，接收容易，放弃也比较容易。他们大多内心不安分，喜欢猎奇，追求新潮、刺激。

有的人使用电动刷牙清洁牙齿，这样的人多是一个很懂得享受的人，他们乐于凡事不用自己动手就可以达到目的。在自身条件可以使自己很好地享受时自然不必说，对于无法达到的愿望，常通过幻想来满足。

也有的人使用牙线清洁牙齿，这样的人在为人处世方面多是谨慎小心的。他们多有很强的自信心和责任心，能够很出色地完成一件工作，而且由于他们很讲信誉，多会得到他人的信任和肯定。

还有的人采用橡皮制品的尖端来剔牙，这类人的预防意识大多不是太强，他们很少会事先做一些必要的准备，以免有突然性的事情发生，而导致措手不及。但这类人往往能亡羊补牢，思维缜密，即使发生突发事件，他们也能很快镇定并积极化解。当他们发现自己犯了某一错误以后，能够主动地去改正。这种类型的人还有一个比较突出的特点就是有很强的攻击性，敢于向某一事物进行挑战。

法则5：通过"打电话"动作巧识人

电话在我们的生活当中占有非常重要的地位。电话几乎达到了每个家庭都必备的程度，电话可以使人更好地与外界进行沟通和交流。一个人使用什么样的电话，在一定程度上表现出他在与人沟通时所采取的一种普遍态度，通过打电话的习惯可以看出一个人性格中友善、谨慎的成分有多大，对人是充满爱意还是心怀敌意。

一般来讲，双手握话筒的人对暗示很敏感，易受外界的影响。这样握听筒的女性，一谈起恋爱来，很容易受爱人影响，性格也会随之起变化。这样握听筒的男性大多会有一些女性气质，对于一些细微的事情往往也会左思右想，优柔寡断，不知如何是好。

让话筒与耳朵保持一定距离的女性，其行动力和社交能力往往是相当强的，并且有很强的自信心，十分好胜，也很希望周围的人能够注意她。但是，这样的女性一旦遇到她所倾爱的男性时，则会一改以往的性格。这样握听筒的男性则比较少见。

边通话边玩电话线的人，多见于女性，她们比较喜欢空想，一方面多愁善感，另一方面又有倔强的脾性，她们在电话中一说起来常常会没完没了。这样的男性较少见。

紧抓话筒下端的人，在男性中较多，他们大都性格干脆、做事爽快；这样握听筒的女性，往往对事物的好恶十分明显，且固执到底。遇事全凭自己的好恶，一点儿也没有通融的余地，因而不大讨男性的喜欢。

抓紧话筒上端的人，女性较多，这样的女性有一种歇斯底里的特征，只要有一点小事不合其心意，就会大发脾气，情绪改变非常快，所以与周围人的关系常常很紧张。这种女性与异性相处时，想怎么样就怎么样，往往使对方束手无策，陷入困难的处境；而这样握听筒的男性常常因为头脑灵活、善于应变，而有良好的人际关系。

利用移动电子设备进行人际关系的交流，已经是现代人不可或缺的沟通方式。由于它与面对面的沟通不同，所以我们可以从一些打电话的小习惯中判断出人的心理。

一心二用型。与人通电话的同时并进行一些琐碎的工作，如擦桌椅、整理文具等。这类人多富进取心，爱惜光阴，分秒必争。

悠闲舒适型。通电话时舒服地坐着或躺着，一派悠闲自得。这类人多生性沉稳镇定，泰山崩于前而色不改。

以笔代指型。习惯用铅笔或圆珠笔代替手指去拨号码的人，通常性格急躁，经常处于紧张状态，不让自己有片刻的休息。

边走边谈型。通电话时从不坐定在同一地方，喜欢绕着室内踱步的人，通常好奇心强，喜欢新鲜事物，讨厌任何刻板的工作。

以肩代手型。习惯把听筒夹在头和肩之间的人，多是生性谨慎的人，对任何事情必先考虑周详才做出决定，极少犯错。

信手涂鸦型。边与人讲电话时，边在纸张上信笔乱画的人，往往具有艺术才能和气质，想象力丰富但不切实际。天性乐观的个性，使他们经常可以轻易渡过一切困难。

紧抓话筒型。通电话时紧紧握住话筒的人，生性外圆内方，表面看似怯懦温驯，实则个性坚毅，一旦下定决心，绝不轻易改变。

平淡无奇型。无特殊习惯，一切动作均出于自然，这类人多生性友善，富有自信心，对自己的生活操控自如，能屈能伸。

法则6：通过"目光"看穿对方的目的

透过人的目光可以窥探出人的内心活动。人们在社会生活中，如果内心有什么欲望或情感，必然会表露于眼睛上。因此，如何透过视线的不同了解他人的心态，对人与人之间在交往中的心理沟通，具有重要意义。

视线的交流是沟通的前奏。一个人的视线可以从不同角度和不同的观点来了解。其一，对方是否在看着自己，这是关键；其二，对方的目光是如何活动的，对方一直盯着你或一接触到你的目光就马上移开，其心理状态是迥然不同的；其三，对方目光的方向如何，是以正眼瞧着你，还是以斜眼瞪着你；其四，目光所落的位置如何，这是指观察对方究竟是由上往下看，或者是由下往上看等；其五，目光的集中程度，这是指观察对方是专心一致在看着自己，还是眼神缥渺，不知究竟是在看什么地方等。这些表现所代表的意义是各不相同的。

在交往活动中，通过观察人的视线方向也能透视人的心态。

（1）对方的眼睛看远方时，表示对你的谈话不关心或在考虑别的事情

例如，当你很有诚意地对女友说话时，她的眼睛却常常注视别的地方，表示她心中正在盘算别的事情。出现这种情况，你不妨用试探的口气问她："有什么麻烦吗？告诉我，我们共同解决。"

如果对方是非常重要的交易谈判对象，他同样会在心里盘算，如何使交易变成有利的状况。看对方的眼神如果凝视于一点或焦点不变，则表示对方心中在想其他事情。谈生意的对象有这种眼神时，你一定要小心提防。这时候，你可以毫不客气地问他："你有什么烦恼的事情吗？"以从对方口中探知原因。如果对方慌张地说："不！没有什么事……"这时，你应当斩钉截铁地与他中断洽谈，可以对他说："以后再谈吧。"

如果在某个会议上，你发现一位出席者对坐在他正面的某人看都不看一眼。那么，等他对面的那位发言过后，你不妨问他："你认为他的意见如何呢？"他如果立即予以猛烈反驳的话，则证明他们之间曾经有过争论，或有什么成见。

（2）斜视对方的眼光，表示拒绝、藐视或感兴趣的心理

斜视对方的眼光，是表示拒绝、轻蔑、迷惑、藐视等心理。公司或商场间的竞争对手或其他竞争者之间难免会正面交锋，互相之间可能会用这种蔑视的眼神看对方。但是，斜而略带含笑的眼神，有时也表示对对方怀有兴趣。尤其在初次见面的异性之间，经常能见到这种眼神，多出现在女性身上。如果你是一位男士，有一位不太熟悉的女孩子这么看你，那表示她对你感兴趣。

（3）对方眼神发亮略带阴险时，表示对人不相信，处于戒备中

男女之间用这种眼神凝视时，表示双方敌意、憎恶；在初次见面的会谈中，也会接触到这种眼神；受到朋友或同事的误会，对方往往也会出现这种眼神。

初次见面时，对方有这种眼神，表示在谈话中你使对方产生了某种不信任的警戒。如果觉得自己并无使对方产生这种心理的做法的话，那可能是对方从其他地方听到一些你的事情，进而形成某种先入为主的情感。

到朋友、同事那里去解释，他们可能会说："来干什么？现在还有脸到我这里来……"此时，如果他们有疑惑、敌意、不信任的眼光，表明对方已完全误解了你，并存有戒心。一旦受到别人的误会，一定要诚恳解释，才能消除误解。

（4）眼睛滴溜溜，眼神飘乎乎，不是轻浮就是狡诈

俗话中骂人常说："滴溜溜的眼睛，四处转动。"滴溜溜，表现了女人的轻浮；贼溜溜，表现了男人的狡诈。当一个女人对男人表示好感的时候，她的眼睛会说出嘴上不能说出的话，就是睁大她充满活力的眼睛。当一个女人表示拒绝的时候，她就会用愤怒的、轻蔑嘲笑的眼神，来表达她嘴上不愿说出的情感。当一个女人用从上到下或者从下到上的眼光扫视一个人的时候，表示对对方的轻蔑和审视。

（5）与上司打交道时，各种眼神意不同

如我们和上司打交道时，观察其眼睛，也能够略微洞悉其内心：上司从上往下看人，这是一种优越的表现——好支配人、高傲自负；上司说话时不抬头、不看人，这是一种不良的征兆——

轻视下属，认为此人无能；上司久久地盯住下属看——他在等待更多的信息，他对下级的印象尚不完整；上司偶尔往上扫一眼，与下属的目光相遇后又向下看，如果多次这样做，可以肯定上司对这位下属还吃不准；上司友好和坦率地看着下属，或有时对下属眨眨眼，说明下属很有能力，讨他喜欢，甚至工作中出现的错误也可以得到他的原谅；上司的目光锐利，表情不变，似利剑要把下属看穿，这是一种权力、冷漠无情和优越感的显示，同时也在向下属示意——你别想欺骗我，我能看透你的心思；上司向室外凝视，不时微微点头，这是非常糟糕的信号，它表示上司要下属完全服从他，不管下属说什么、想什么，他都充耳不闻。专家们的研究表明，有较高地位的人对地位低的人目光直接接触少，而所有的人看地位较自己高的人次数和时间都较多。

（6）各种眼神反应的内心互动各不同

眼神是内心活动的一面镜子：心胸博大、为人正直的人，眼神明澈、坦荡；心胸狭窄、为人虚伪的人，眼神狡黠、阴诈；志怀高远的人，眼光执着；为人轻薄的人，眼光浮动；克己的人，眼神内敛；贪婪的人，眼神暴露。

正派而敏锐的人眼光如利剑出鞘；邪恶而刁钻的人眼光如蛇蝎蛰伏。渊博的人，眼中透出了悟；无学的人，眼中似乎只存疑窦。自信者，眼神坚而毅；自堕者，眼神晦而衰。

（7）眼神还能反应一个人的身体状况

作为一个生理器官，从眼睛还可以看出一个人的身体状态：一个健康、精力充沛的人的眼睛通常明亮有力，眼睛转动灵活机警，眼光清晰、水分充足；一个疲劳的人眼睛就会显得乏力无味、目光呆滞、眼光混浊；一个乐观的人眼睛通常充满笑容，善意十足；一个消极的人往往眼睛下拉，不敢正视别人的眼光。

（8）眼神还能显示一个人的品质

著名的人力资源管理专家刘晓英教授说："一个诚实的人的眼睛是自信的，说谎的人的眼角会不自觉地往上翘或者眼睛转动速度比说话的节奏快。"很多大公司的企业主管在面试时都能发现其这个特点。

面对一个诚实的人，他的眼睛坚定浑厚，眼神沉重踏实，你会觉得他对自己的行为有着坚定的信念，他的叙述充满了说服力和感染力，让人不容置疑。

说谎的人在心理上是不确信的，他的眼神漂浮无根，说话没有底气和正气。面对这种人，你会觉得他在讲述一个与自己无关的事情，没有信念和可信度。这种类型的人在生活和事业上很难达到既定的目标。

法则7：通过眼部动作判断对方的性格及内心活动

人类的动作、表情是本能的，每个人平时说话都会不知不觉地做出某些表情动作。人们说话时变化的目光、或喜或怒的神态、举手投足的动作，经常同所表达的内容密切相关，同时也反映出说话人的修养。事实上，你同另一个人见面，虽然尚未正式开口说话，但交际活动已经开始，双方的眼神、表情、动作都在传递着信息。说话时对方不仅在听，还在看。皱眉头，嘴角向下撇，那显然是话不投机；和颜悦色，笑脸相对，说话就易于顺利进行。因此，在口语交际过程中，我们必须给这种无声的身体语言以应有的关注。

眉毛上扬，这是假装无辜的表情。这种动作是在佐证自己确实无罪。目光炯炯地看别人时，眼睛极力睁大，眉毛极力下垂，造成一种令人难忘的表情，传达着某种惊怒的表情。斜眼瞟人则是偷偷地看人一眼又不愿被发觉的动作，传达的是羞怯、腼腆的信息。这种动作等于是在说："我太害怕，不敢正视你，但又忍不住地想看你。"

眨眼的系列动作包括连眨、超眨、睫毛振动等。连眨发生于快要哭的时候，代表一种极力抑制的心情。超眨的动作单纯而夸张，眨的速度较慢，幅度却较大。动作的发出者好像是在说："我不敢相信我的眼睛，所以大大地眨一下以擦亮它们，确定我所看到的是事实。"睫毛振动时，眼睛和连眨一样迅速开闭，是种卖弄花哨的夸张动作，好像在说："你可不能欺骗我哦！"

挤眼睛是用一只眼睛向对方使眼色表示两人间的某种默契，它所传达的信息是，"你和我此刻所拥有的秘密，其他任何人无从得知"。在社交场合中，两个朋友间挤眼睛，是表示他们对某项主题有共同的感受或看法，比场中其他人都接近。两个陌生人之间若挤眼睛，则无论如何，都有强烈的挑逗意味。由于挤眼睛包含两人间存有不为外人知道的默契，自然会使第三者产生被疏远的感觉。因此，不管是偷偷的还是公开的，这种举动都被一些重礼貌的人视为失态。

眼睛往上吊，这种人心里藏着不可告人的秘密，喜欢有意识地夸大事实，他们性格消极，不敢正视对方。

眼睛往下垂，这个动作有轻蔑对方之意，要不然就是不关心对方的情形。这种动作的发出者一般个性冷静，本质上只为自己着想，是任性的人。

只要我们用心观察，通过对方的细微表情和动作很容易参透其内心的真实想法。明白了他人的心，再把话说到对方心坎上，再辅以适当的处世技巧，还有什么事不能成呢？

法则 8：通过"鼻子"判断对方的性格

是的，人的鼻子也蕴含着丰富的"语言"。我们的鼻子虽然表情非常少，但是由于它位于整个面部的正中，所以同样起到了"承上启下"的作用。

鼻子位于面部的中央位置，在我国面相学中，它掌管着人一生的财运，而在西方国家它却是性的象征，鼻子的学问由此可见一斑。鼻子可以提供一定的性格特质的线索——尤其是有些人想方设法掩饰的那些特质。

现代心理学的研究成果表明，在谈话中对方的鼻孔稍微张大时，多半表示他对你有所不满，或情感有所抑制。

鼻头冒出汗珠时，一般来说，这表明一个人的内心特别焦躁或紧张。如果对方是重要的交易对手时，必然是急于达成协议。如鼻子的颜色整个泛白，就显示对方此时的心情一定畏缩不前。

鼻子像鹰嘴，尖且垂成钩状者，阴险凶暴；鹰鼻而眼深者生性贪婪，不知足。鼻孔朝着对方，指藐视对方，瞧不起人。鼻子坚挺，表示这个人的性格坚强，固执己见，通常不会被别人所左右。听对方说话的时候摸鼻子，说明摸鼻者不相信对方所说的话，他在考虑如何应对。

人们常听到"皱起鼻子"这样的说法。这说明，鼻子确实表示某种情绪。这样一种动作再加上一种严肃的表情表示出一种厌恶和轻蔑的态度，从根本上讲是一种傲慢、不屑一顾地对待别人的态度。皱鼻子的人看起来就好像他们已经闻到了一种难闻的气味。这种习惯性的行为很可能有其自然环境因素，因为吸到一种讨厌的气味会使人们不由自主皱起鼻子。

傲慢的表情是以某些人有仰头习惯为基础的。文学作品中把这些人描写成鼻子朝天，好像一切都在他们之下。其他一些常用的特征描写包括："他鼻孔朝天，一种自高自大的神态""他仰起鼻子露出轻视的表情""他鼻尖朝地，对世界不屑一顾的样子"。

想象一下这样一种表情：那些鼻子朝天，神气活现而又不直接正视别人的人。这种人不想和你交往，希望占你的上风。这样一种姿势表示出一种傲慢的态度，希望看你的头顶而不是与你的目光接触。你得小心提防有这样一种行为表示的人！

从生理学的观点来看，肌肉能加大鼻孔张开的程度，帕斯卡尔在描绘克利奥帕特拉那硕大且向上翘起的鼻子时写道："假如它（鼻子）短一些的话，那么世界的整个面貌都将会改变。"就力量和洞察力方面来讲，拿破仑曾这样说："给我这样一个人，他的鼻子应该长得硕大丰满……每当我需要找别人完成任何有用的脑力工作时,如果没有其他合适的人选的话,我总是选一个鼻子长得长长的人。"

法则9:通过"饮食"看穿对方的性格

人类要生存,每天都离不开衣食住行,食物对于人的重要性是毋需多言的。每个人都有各自的生活习惯和饮食习惯。有时候,他人不经意的饮食习惯也能暴露自己的性格。

我们从一个人喜欢吃什么东西可以观察出他的性格特征,同样,从一个人以什么样的方式来吃东西,也可以观察出他的性格特征。

一般来讲,喜欢将食物分割成若干小块,然后一点一点慢慢地吃,这样的人多是较为传统和保守的,他们为人处世都比较小心和谨慎,不会轻易地得罪人,很多时候都充当好好先生,保持中立。这一类型的人由于缺少冒险精神,所以在事业上所取得的成就往往不是很大。他们在很多时候比较机智和圆滑,他们有自己的主张,也不会轻易地接受他人的建议,但又不会表现得太过于明显。

有的人吃东西很讲究程序化,总是一项一项地把全部工作做到位以后,才坐下来慢慢地吃。这一类型人的思维多是相当缜密的,他们总是会花很多的时间去考虑一件事情,把前前后后、左左右右,凡是可能出现的问题都想清楚,并做出适当的应对方案之后,才会着手去做。他们习惯于凡事先做好准备,但还是害怕有意外的事情突然发生，一旦真有意外发生，他们就会感到措手不及，不知该如何是好。

有的人饭量很小，吃一点就放下碗筷不吃了，这类人多是比较传统和保守的。他们的一举一动都非常小心和谨慎，总是不断地努力处好与他人之间的关系。他们为避免风险，凡事喜欢墨守成规，按照旧的方法去完成。这一类型的人做事稳妥有余，但冲劲不足，所以说他们不适合创业，只适合守业。

有的人吃一顿饭狼吞虎咽、风卷残云般就吃完了，这类人大多有较旺盛的精力。他们的性情很坦率和豪爽，待人真诚、热情，做事干脆、果断，自我意识比较强，有些时候常常自以为是，听不进他人的规劝。他们有很强的竞争心理和进取精神，绝不会轻而易举地就向谁妥协和认输，总是要与对方拼上一拼，搏上一搏。

有的人吃东西的速度极慢，总是细嚼慢咽，这类人在为人处世方面多是相当重视过程的，在过程和结果之间，常常是前者会给他们带来更大的快乐和满足。他们做事周密严谨，一般不会打无把握之仗。他们比较挑剔，对人对己要求都比较严格，有时甚至达到苛刻、残酷的程度。

有的人吃东西不知道加以节制，看到喜欢的食物就一定要吃个够，这类人的性格大多比较豪爽和耿直，他们多有很好的人际关系，具有一定的组织能力，常能在自己周围团结许多人。他们不懂得也不会掩饰自己的情绪，喜怒哀乐往往全部写在脸上，让人一目了然。

有的人从来不喜欢和他人一起进餐，而乐于自己单独一个人静静地吃，这样的人大多性格比较孤僻，有些自命清高和孤芳自赏。他们比较坚强，做事也很稳重，具有一定的责任心，能保持言行的相对一致，做到言必信、行必果。一般来说，他们在很多时候都能让自己的上司、朋友和亲人感到满意。

由此可见，人的吃相虽各有不同，但只要用心观察，很容易通过饮食习惯看出一个人的性格特征来。

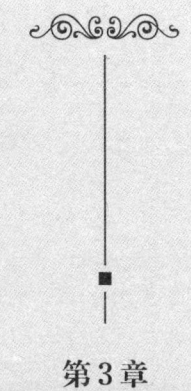

第 3 章

形象 VS 颜值

——用外表吸引他人的社交心理学

人多是容易被外表迷惑的，自古就有"女为悦己者容"一说。一个人的外表不仅指容貌，还包括其选择的服装、搭配的服饰。外在形象对于表现人的自身修养、个性和情绪等起着十分重要的作用。我们完全可以通过外在形象来表现自己的地位、职业，甚至个性特征，从而给他人留下不可磨灭的印象，在人际交往中成为众人围绕的主角。

法则 10：巧用"笑容""迷惑"对方

有一个独居的女人听到敲门声后打开门，她发现一个男人拿着刀正恶狠狠地盯着自己。她忽然灵机一动，微微一笑说："朋友，你可真幽默，你是来推销菜刀的吧？我很喜欢，我要一把……"她边说边把男人让进屋，接着说道，"你很像我以前的一位好心的邻居，看到你让我感到非常亲切，你要喝咖啡还是喝茶？"本来一脸杀气的歹徒听了女人这番话，慢慢变得柔和起来。他有点腼腆地说："谢谢，哦，谢谢！"

最后，女人果真买下了那把明晃晃的菜刀，那个男人拿着钱迟疑了一下打算走了，转身的时候他说："小姐，你将改变我的一生！"

听完这个故事，我们不禁会心一笑。是的，这就是微笑的力量。微笑就是有这样神奇的力量，不仅能瞬间缩短彼此的距离，更能使人与人之间充满信任与感激。它能穿越时空，直抵心灵。

一个刚刚学会保持微笑的年轻人说："当我开始坚持对同事微笑时，起初大家非常迷惑、惊异，后来就是欣喜、赞许，两个月来,我得到的快乐比过去一年中得到的满足感与成就感还要多。现在,我已养成了微笑的习惯,而且我发现人人都对我微笑,过去冷若冰霜的人,现在也热情友好起来。"

面对陌生人时,有时我们甚至什么都不用做,只是对着他微笑,就能在瞬间缩短两个人之间的距离。微笑是有自信心的表现,表示对自己的魅力和能力抱有积极的态度。微笑可以表现出温馨、亲切的表情,能给对方留下美好的心理感受,从而形成融洽的交往氛围。面对不同的场合、不同的情况,如果能用微笑来接纳对方,可以反映出你良好的修养和挚诚的胸怀。

发自内心的微笑会自然调动人的五官:眼睛略眯起、有神,眉毛上扬并稍弯,鼻翼张开,脸肌收拢,嘴角上翘,唇不露齿,做到眼到、眉到、鼻到、肌到、嘴到,才会亲切可人,打动人心。微笑在于它是含笑于面部,"含"给人以回味、深刻、包容之感。

在经济学家眼里,微笑是一笔巨大的财富;在心理学家眼里,微笑是最能说服人的心理武器;在服务行业,微笑是服务人员最正宗的脸谱。

原一平25岁当实习推销员时,身高1.45米,又小又瘦,横看竖看,实在缺乏吸引力,可以说是先天不足。然而,就是这样一个人却成为日本保险业连续15年全国业绩第一的"推销之神"。原一平成功的秘诀在哪里呢?就是他那"值百万美金的微笑"。

用微笑来消除与陌生人之间的隔阂是原一平用自己的亲身体会总结出来的制胜法宝。他在推销的过程中发现,笑容是给对方传达爱意的捷径；笑容具有传染性，可以引起对方发笑并使对方感到愉快；可以轻易地消除二人之间的陌生感甚至隔阂，使对方门扉大开；笑容是建立信赖关系的第一步，它会创造出心灵之友；笑容可以激发工作热情，创造工作成绩；笑容可以消除自己的自卑感，弥补自己的不足；笑容能增进健康，增强活动能力。如能将各种笑容拥为己有，了如指掌，就能洞察对方的心灵。

并且，原一平认为，婴儿般天真无邪的笑容最具魅力。于是，他就花费了很长时间练习笑，直到他在镜中看到自己的笑容与婴儿的笑容相差不多时才罢休。当他带着这样的微笑再去推销保险时，没有一个人拒绝他。

保持一个微笑的表情、谦和的面孔，是表示自己真诚、守礼的重要途径，更是有效沟通的桥梁，是加强人际关系的磁石。我们也可以像原一平一样，通过训练有意识地改变自己。

首先，放松面部肌肉，然后使嘴角微微向上翘起，让嘴唇略呈弧形。最后，在不牵动鼻子、不发出笑声、不露出牙齿，尤其是不露出牙龈的前提下，轻轻一笑。

其次，对着镜子练习。使眉、眼、面部肌肉、口形在笑时和谐统一。

再次，闭上眼睛，调动感情，并发挥想象力，或回忆美好的过去，或展望美好的未来，使微笑源自内心，有感而发。

最后，按照要求，当众练习，使微笑自然、大方，克服羞涩和胆怯的心理。也可以请观众评议后再对不足进行纠正。

卡耐基说："笑容能照亮所有看到它的人，像穿过乌云的太阳，带给人们温暖。"微笑不花费什么，却可以赢得一切。我们可以用这世界上最简单、最美丽的笑容赢得别人的信任，给工作注入活力，给同伴带来欢乐。

法则 11：巧用"饰物"让颜值爆棚

饰物，即装饰之物。它必须与所装饰的客体有机地结合，成为统一、和谐的整体，才能加强审美效果。早期饰物的定义是指佩带于头上的装饰品；而现代的定义是指与服装或者相关环境相配套，起装饰作用的饰品，主要是达到美化自身的效果。

饰物搭配得当，会留给人深刻的印象，进而也影响到别人是否愿意与你进一步交往。比如，某女士两只手腕处戴满了各种珠串手链，显得臃肿俗气且华而不实。可以想见，很少有人愿意与这样不懂修饰却爱慕虚荣的人交往。

大体来讲，现代饰物主要包括：丝巾、项链、胸针、腰带、披肩、耳环、发夹、戒指、手镯、手表、手包、眼镜等。无论男士还是女士，在饰物的选择上都应该坚持少而精的原则，这样才能达到增加颜值、提升个人形象的目的。

（1）女士饰物搭配注意事项

生活中我们经常看到，很多成功女士都喜欢佩戴珍珠或者K金项链，这些东西显得很贵气，但如果你同时再加上一条长长的丝巾，就略显累赘。最好是在进入房间后就立即把丝巾摘下或者把项链取下来，身上只留一样饰物。

饰品切忌佩戴过多。戴太多的饰品会极大地降低职业感。职业女性的配饰以简约精致为好，正式商务场合身上穿戴的配饰最好不要超过5种。

最近几年，手串盛行，很多信奉佛教的女士喜欢在手腕处佩戴各式佛珠手串。有的人，两只手腕都缠着密密麻麻的手串，水晶的、琥珀的、木质的，各种材质、大大小小、五颜六色。显然，这种佩戴方法是不可取的，给人的感觉并不是美。

现代女性往往包不离身。但职场女性千万不要选择太过时尚的彩包，黑色或棕色的皮质拎包更具有权威性。与服装相比，皮包的搭配也很重要，切忌不分季节、不分场合，常年累月地只使用一款包，这样做会极大地降低你的品位和格调。

（2）男士饰物搭配注意事项

男性既要具备阳刚之气，又要具备霸气。因此，男性佩戴的饰品，必须要能体现出男人的气质。

一般来说，男性的项链、手链、戒指款式要粗重，造型要有棱有角。项链坠和戒指上的图案也应具有男性特点，如有龙、虎形象或"福""吉"等字样。

男性的胸针应选戴抽象的图形或代表雄风之美的龙、虎、豹、鹰等动物图案，这样的胸针别在西服翻领上，会令你雄性十足。

穿西服扎领带时，领带夹应与领带的颜色相配，线条要简洁明快。

在商务活动中，一款搭配得体的眼镜会极大地增强男士的风度。眼镜最初是为视力有缺陷的人生活方便而发明的一种实用品，现在尤其在商务应酬中却已经被大大地扩展了适用范围，增加了装饰的功效。例如，眼睛长得太小或形状不美，或眼周围有疤痕的人，戴上眼镜就能够有效地遮挡这些不足。那么，男士该如何选戴眼镜呢？

①长脸形的人宜用阔边而略方的眼镜架，这样会使脸显得短些。

②短脸形的人应选用无色透明框边的眼镜架，可以使脸显得长一些。

③圆脸形的人宜用有棱角的方形镜框，而不能选择圆形镜框，否则会产生滑稽的感觉，好像大圆圈上画了两个小圆圈。

④脸形过大或过小的人，选镜框要适中，男性的脸部轮廓较粗犷，棱角分明，适合配宽边大片的眼镜。

⑤皮肤较黑的人，应选用较为明亮的镜框；皮肤白皙的人则可选择浅色镜架；皮肤发黄，宜用暖色调镜架。

⑥塌鼻梁应戴有高鼻托的眼镜，高鼻梁则宜戴低鼻托的眼镜。

⑦瞳孔间距较宽的人宜选用深色大镜框，较窄的则应选用中间有镜桥的透明浅色镜架。

对于男士来说，帽子也是配饰的重要组成部分。选择适合自己的帽子能够恰如其分地衬托出风度和修养，展示社会地位、经济状况。选择帽子时首先考虑实用性，其次考虑装饰性，不论是礼帽，还是棒球帽、旅游帽，都要从自身出发，选择适合自己的样式、颜色。

帽子要与自己的装束、年龄、工作等相协调，并要根据自己的脸型选择。脸圆的人适合戴宽边较高的帽子，脸窄的人适合戴窄边的帽子。

一般的场合,男士戴的帽子要颜色稍深一些、暗一些,有利于男士展示刚毅、干练的作风,但是质地和色彩要选择较为柔和的,这样不会给人太过强硬的感觉。穿礼服时,必须用黑色的礼帽与其相衬。在工作场合尽量不要戴帽子,如果要戴,帽子的帽顶不能太高,帽檐也要选择窄一些的。要根据衣着和场合选择帽子。白色的西装配白色的礼帽;在运动的时候,也可以戴白色的棒球帽等,具体的情况可以具体分析。

此外,商务男士的穿着应该注意这些:穿袜子不要裸露腿毛、不露鼻毛与胸毛、不露胸部隐约两点、不露刺青、不露衬衫口袋里的凌乱物品、不露项链、不露与宗教相关的物品如护身符等。

法则12:巧用"色彩"为自己凝聚人气

色彩无处不在。这个世界从不缺少色彩,由此诞生的色彩心理学也是十分重要的学科。在人类社会活动中,色彩在主观上是一种反应与行为,在客观上又是对人们视觉的一种刺激。色彩的应用,在很大程度上能反映应用者的心理特征。

比如,人们在选购一件大衣或一辆跑车时,面对价钱相当的两项选择,有些人会以颜色作为优先考虑的因素,另一些人则较为重视造型。

根据研究,这两类人在性格上有颇大的差异。较注重色彩的人，他们具有外向气质，容易活跃于各个场合中，是属于容易冲动、重感情的人。他们极富魅力，有公关、交际手腕，热情洋溢，讲求享受，重视社交生活。

注重外观造型的人，则与前者完全相反，是内向、害羞，不擅长社交的人。喜欢关起门来独自思索，坚持自己的原则，敏感、纤细，在众人面前常会手足无措。上街选购东西，只要外观合他们心意，不管红的、白的、黑的，他们都不太在乎。

美国作家黛安·艾克曼在《感官之旅》中提到，我们对色彩的感觉是相对的，而非绝对的，依时间、光源、文化、语言甚至大脑的结构而受到影响。例如，有些民族没有合适的言辞形容绿色，只能用暗或亮来形容；爱斯基摩人有几十种关于白色的形容；而莫奈绝美的睡莲，是视觉消失之后的记忆之色……色彩在我们心中引起的情感与记忆，影响我们看待世界的观点。不过，大部分的人类对于红色、蓝色、黄色等颜色的心理感受，意见比较相似。

偏好红色的人在性格上活泼、大胆、新潮，对流行趋势感应敏锐，是容易感情用事的人。他们有强烈的感情需求，希望获得伴侣慰藉。缺点是浮夸、吹嘘，注重外表修饰，有较强烈的物质欲望。

偏好绿色的人，为人严谨、守本分，做事稳重，是值得信任的坚实派人物。缺乏感性思维，经常不苟言笑，有耐性及实践能力，坚忍、认真，凡事按部就班，对待金钱也颇有规划性，能在稳定中求得事业的发展。

偏好黄色的人个性积极，喜爱冒险，乐观、爽朗，喜欢结交朋友，是达观、乐天的社交派人物。如果是女性的话，对爱情积极、主动，与异性交谈常会嗲声嗲气，非常善用撒娇之法。

偏好蓝色的人的个性是态度明朗、诚实，处事方式偏向中庸，既不冒进也不退缩，做事颇富弹性，具有回旋空间。

偏好紫色的人谨言慎行，喜怒不形于色，属于大内高手型。许多内心的想法都深藏着，不愿表达出来。姿态优雅，富神秘气质，不善于交际手腕，给人冷漠、高傲的印象。喜欢思索，善于压抑、控制自己的情感。

偏好黑色的人的个性与紫色略为相似，但心态上更为阴郁、孤独、自闭，希望保有一定的私人空间。

偏好白色的人个性爽朗直接、单纯，任何一个人只要穿上白色的衣服，都给人一种洁净、清新的印象。喜欢白色的人向往单纯、柏拉图式的生活，有隐藏本性的倾向。

偏好灰色的人缺乏毅力，性格怯懦、胆小，凡事依赖他人，缺乏主见，耳根子软，容易受别人影响，改变已经决定或承诺的事情。

人们对不同色彩的偏好，也透露出其潜在的性格倾向，人们偏好的颜色常会反映在日常服饰或用品上。因此，借由某人平日爱穿戴哪一个色系的衣服、饰品，我们可以大略了解其性格。

法则13：巧用"服装"增强自身形象魅力

常言道"人靠衣装马靠鞍"，着装就是人的另一张脸，直接影响到别人对你的第一印象。也许你还不知道,你只有10秒钟的时间给别人留下自己的第一印象。你会认为这不公平,你想别人应该认识真实的你。这也许不公平,但却是不可改变的事实。

根据西方学者雅伯特·马伯蓝比教授研究出的"7/38/55"定律,旁人对你的观感,只有7%取决于你谈话的真正内容;而有38%在于辅助表达这些话的方法,也就是口气、手势等;却有高达55%决定于你的外表,可见外表是多么的重要。

1962年,在英国伦敦一个著名贵族举办的豪华宴会上,一名中年男子出尽了风头。他优雅的举止、迷人的言谈,不但令在场的所有女士都对他倾心,而且所有男士也都对他抱着极大的兴趣和好感。

人们私下里纷纷相互打听,都想认识他,希望和他成为朋友,而那位男子在这次宴会上也收获颇丰,不仅签下了40多单生意,还找到了他的终身伴侣。

这名男子就是当时英国著名的房地产新秀柯马·伊鲁斯。

他凭借自己优秀的形象征服了整个伦敦的上流社会,随后,金钱和好运向他滚滚涌来。

其实在十二年前,柯马·伊鲁斯就来过伦敦,并出席了一个由商会举办的小型聚会。

那时的柯马·伊鲁斯还是个小人物,开了一家小水泥厂,整天勤奋地忙来忙去,根本无暇顾及自己的形象。为了扩大生意,他千方百计弄到了一张商行聚会的邀请信,想混进去多结交一些人,拓展自己的人际关系。

可一进入聚会大厅,他立即就知道自己走错了地方。大厅装饰得金碧辉煌,男士们个个西装革履、彬彬有礼,女士们个个华衣锦服、温文尔雅。柯马·伊鲁斯低头看看自己,一身满是补丁且有着厚厚油腻的工作服,大胶鞋,一头乱发,简直像个乞丐。这时几位女士过来了,故意将酒洒在他身上,并趾高气扬地给他小费。侍从过来询问他,他讲明自己的身份,可是没人相信,当他企图拉一个认识他的人作证时,那个人不但不承认认识他,还说他是路边的鞋匠,于是他被当成混进来的鞋匠给赶了出来,令他很恼火。

怒火过去之后,柯马·伊鲁斯开始考虑自己为什么会受到这种待遇。自然,凭他的头脑,一下子就想明白了。回到家乡后,他做的第一件事就是参加了一个礼仪培训班,并高薪聘请了私人形象顾问。

不要整天只知道忙于工作,而忽视了自身良好形象的维护。因为良好的形象可以在生意上助你一臂之力,使你的辛苦付出结出丰硕的果实。

为了给人最好的状态和印象,请随时注意你的着装,打造好自己的第二张脸。

如果你不注意自己的形象,不仅你的生意有可能毁于你的形象,你的爱情也有可能毁于你的形象。这绝非危言耸听!

法则 14：巧用"近因效应"搞定人际关系

近因效应是指在多种刺激一次出现的时候，印象的形成主要取决于后来出现的刺激。

生活中你是否注意过这种事情：某人犯了一个错误，人们便改变了对这个人的一贯看法。某电视台著名节目主持人，一生声名卓著，到了晚年却晚节不保，因为一桩私生活的丑闻而败坏了一世名声；某人因做了一件有意义的好事，人们就认为他是浪子回头金不换，以前的不好都随之而去，从此对他刮目相看；在朋友交往中，有时多年的友谊会因一次小别扭或小误会而告终；夫妻之间吵架，一气之下，可能完全忘记了对方过去的好处和恩爱，只想着离婚……这些都是心理学上的近因效应在起作用。

曾国藩有一个有趣的故事，可以作为近因效应的引证。

曾国藩最初在和太平军的交锋中一直处于劣势，于是在奏折中称自己"屡战屡败"。但他幕下的一个师爷看了说，不要这样写，而是将四个字的位置调动了一下，变成了"屡败屡战"。

曾国藩恍然大悟，把奏折改了过来，交了上去。结果一个"常败将军"的形象变成了"败而不馁、坚忍不拔"的形象。

近因效应还有一个表现就是，最后一句话决定了整句话的调子。比如，老师跟学生说："总能考上一个学校吧，虽然录取率那么低。"或者说:"虽然录取率那么低,总能考上一个学校吧。"这两句话的意思是一样的,只因语句排列的顺序不同,给人的印象却全然不同。前者给人留下悲观的印象,后者则给人乐观的印象。

在日常的人际交往过程中,我们对他人最近、最新的认识占了主体地位,掩盖了以往形成的对他人的评价。因此,近因效应也称为"新颖效应"。

生活里,我们总是强烈谴责喜新厌旧的人,认为他们的行为是不道德的。然而,在交往中,很多人都有"喜新厌旧"的习性——比较重视"新"的信息,而不太重视"旧"的信息。

近因效应实际上包含着人类喜新厌旧的本性。这提醒我们,人际关系是需要"保鲜"的,尤其是夫妻之间。

贺岁大片《手机》里有句流行一时的台词:"在一张床上睡了二十年,难免会有一些'审美疲劳'。"不管当初如何恩爱、如何甜蜜,如果不能经常保持新鲜感,近因效应会使我们忘记对方过去的好,因为喜新厌旧,而造成移情别恋的可能。

新近的信息比以前得到的信息对于交往活动有更大影响,突然的一个信息会使人们早已习惯的认识和印象发生质的飞跃。比如,张娟和郭珊珊是同时进入公司的新同事,俩人对彼此的第一印象都很好,脾气相投,背景学历相当,对问题的看法和角度也很相似,两人慢慢成了好朋友。

日子一天天过去,两人也是越来越有默契,友谊之树在慢慢成长。但是最近,在闲谈中,张娟发现郭珊珊的一些话语和以前告诉她的不一样,前后矛盾,于是心中犯疑,对郭珊珊以前的一切友好都打上了问号,认为她是个不真诚的人,逐渐对她说的任何话都不相信了。

那么,近因效应是否和第一印象效应相矛盾呢?其实,它们并不矛盾,而是各自有着适用的范围。心理学家告诉我们:在与陌生人交往时,第一印象影响较大,而在与熟人交往时,近因效应则有较大影响。这就提醒我们,在人际交往中,不能依靠吃老本,要时刻注意近期的表现,时刻注意保持已经树立起来的形象。

平时在和老朋友的交往中,每一次交往都要认真对待,特别是每一次交往最后几分钟留给对方的印象。由于是老朋友,就没有什么第一印象可言,而到底哪一次交往能发生近因效应,却无法预料。只要有一次表现得有点异样或特别,那么,过去的表现就会大打折扣甚至一笔勾销。因此,每一次交往都得小心行事,不能因为是老朋友就"忘乎所以"。

如果能充分利用近因效应,必会为自己的形象加分,从而在家庭、职场、社会等方面建立良好的人际关系。

法则15:巧用"第一印象效应"博得好感

上一节我们所讲的"近因效应"在人际关系中起着举足轻重的作用。生活中,每个人都会对"第一"情有独钟,你会记住第一任老师、第一天上班日期、第一个恋人等等,但对"第二"就没什么太深刻的印象。这就是"第一印象效应"的表现。

有位心理学家撰写了两段文字，讲的是一个叫吉姆的男孩一天的活动。其中一段将吉姆描写成一个活泼外向的人，他与朋友一起上学，与熟人聊天，与刚认识不久的女孩打招呼等。而另一段则将他描写成一个内向的人。

研究者让有的人先阅读描写吉姆外向的文字，再阅读描写他内向的文字。而让另一些人先阅读描写吉姆内向的文字，后阅读描写他外向的文字，然后请所有的人都来评价吉姆的性格特征。结果，先阅读外向文字的人中，有78%的人评价吉姆热情外向，而先阅读内向文字的人，则只有18%的人认为吉姆热情外向。

人们在不知不觉中，倾向于根据最先接收到的信息来形成对别人的印象。这就是第一印象的作用。第一印象又称为初次印象，指两个素不相识的陌生人第一次见面时所获得的印象。那么，第一印象真的有那么重要，以至于在今后很长时间内都会影响别人对你的看法吗？

一个新闻系的毕业生正急于寻找工作。一天，他到某报社对总编说："你们需要一个编辑吗？"

"不需要！"

"记者呢？"

"不需要！"

"那么排字工人、校对呢？"

"不，我们现在什么空缺也没有了。"

"那么，你们一定需要这个东西。"说着他从公文包中拿出一块精致的小牌子，上面写着"额满，暂不雇用"。总编看了看牌子，微笑着点了点头，说："如果你愿意，可以到我们广告部工作。"

这个大学生通过自己制作的牌子，表现出了自己的机智和乐观，给总编留下了美好的"第一印象"，引起对方极大的兴趣，从而为自己赢得了一份满意的工作。并且，因为对他有良好的第一印象，总编一直对他印象颇佳。由此可见，第一印象真的很重要！

人们对你形成的某种第一印象，通常难以改变。而且，人们还会寻找更多的理由去支持这种印象。有的时候，尽管你表现的特征并不符合原先留给别人的印象，但在很长一段时间里人们仍然坚持对你的最初评价。

人类有一种特性，就是对任何堪称"第一"的事物都具有天生的兴趣，并有着极强的记忆能力。承认"第一"，却无视"第二"。不经意地你就能列出许许多多的"第一"。如世界第一高峰，美国第一任总统，第一个登上月球的人，等等，可是紧随其后的第二呢？你可能就说不上几个。

心理学家认为，第一印象主要是指一个人的性别、年龄、衣着、姿势、面部表情等外部特征。一般情况下，一个人的体态、姿势、谈吐、衣着打扮等在一定程度上反映出这个人的内在素养和其他个性特征。

无论你认为从外表衡量人是多么肤浅和愚蠢的观念，但人们每时每刻都在根据你的服饰、发型、手势、声调、语言等自我表达方式在判断着你。

无论你愿意与否，你都在留给别人一个关于你形象的印象，这个印象在工作中影响着你的升迁，影响着你的自尊和自信，影响着你的幸福感，甚至影响着你的前程和命运。

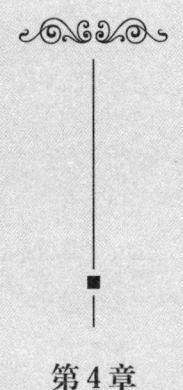

第4章

怎么说别人才会听

——用言语影响他人的暗示心理学

语言是沟通的基础，好的表达能力能收获好的沟通效果。人人都会说话，但不见得人人都能把话说好。每个人的说话方式、说话习惯和风格都有所不同，这就导致了沟通结果的千差万别。会说话的人，只用一两句话就能解决问题、化解矛盾、攻破心结、获得答案。会用言语支配他人的人，总能用话题引起别人的兴趣，让听众的思路跟着他的思路走，朝着他想要的方向进行。

法则16：善用"夸赞"达到目的

有位企业老板是这样批评他的女秘书的："你这件衣服很漂亮，你真是一个迷人的小姐。只是我希望你打印文件时注意一下标点符号，让你打的文件像你一样可爱。"女秘书对这次批评印象非常深刻，从此打印文件很少出错了。

这位老板算得上是一位聪明的人了，说话如此委婉、客气，是他好修养、好气度的体现。假如他换一种盛气凌人的口吻呵斥："你怎么工作的？连标点符号都搞不清楚，亏你还是大学生呢？"这样只能让下属感到委屈，反而达不到纠正对方错误的目的。

有人说的话，立足点和出发点本来是不错的，但由于说话时不尊重对方，因而导致无谓的误解和争端。

人的心灵就像花朵：开放时会承受柔润的露珠；闭合时会抵御狂风暴雨。假如我们要规劝别人，实际上就是让他的心灵开放。但是，被规劝的人往往用闭合来抵御我们的语言，因为他并不知道我们送的是雨露，而只知道怎样保护他的自尊心。所以，要想不损伤他人的自尊心，尊重别人是至关重要的一点。

一般来说，我们规劝别人很容易使自己站在比别人高的位置上。而本质上，也确实比别人高，因为你自己觉得比别人的观点正确，这才能劝人；如果觉得比别人低，那就表明你观点不正确，或者对自己的观点不自信，那还去劝什么人呢？因此，劝人的人实际上的位置应该是高的，但这种高，在劝人时是不能表现出来的，只能摆在和被劝人平等的位置上，这不是虚伪，而是方法上的需要。只有当被劝人觉得你尊重他了，设身处地在为他着想，他才能认真考虑你说的话，才能把心扉打开，才有可能达到劝说的目的。相反，你自恃有理，说得对，把位置摆得高高在上，甚至不注意语言的表达方式，一派批评人的口气，势必引起被批评人的反感，因为你不尊重他，使你不但没有达到规劝的目的，还生一肚子气。如果他迫于某种压力或其他因素，而屈服于你的批评，口头上也许承认自己错了，内心深处还是不会听你的。

有一个老师在课堂上提问学生的例子。

老师："请张丽同学回答问题。"

张丽："我不回答你。"

老师："张丽同学，你既然不回答我的问题，必定有原因。你能告诉我是什么原因吗？既然你不肯说明，那让我分析一下：是不是我有什么地方做得不好，不能为人师表，不能让同学们信服，甚至玷污了'人民教师'的光荣称号，才使你这样呢？"

张丽："老师，没有，没有的事。"

老师："既然我还称职，我想你也不是有意让我难堪。那么，让我猜测一下你是怎么想的吧。我认为，不外有三种情况：第一，可能是我的启发式教学搞得不得当，问题提得过于浅薄，引不起你的兴趣，你不屑于回答，是这样吗？"

张丽:"不,不是。"

老师:"第二,是你能回答这个问题,但不想回答。如果是这样,你现在回答也不迟。"

张丽:"我……我……"

老师:"第三种情况可能是你不会回答,但又碍于情面,不肯承认自己不会回答的现实,忽然一时糊涂,想以强硬的态度搪塞过去。但我为什么要这样认真呢?我实在不愿看到你交不上答卷呀?"

张丽:"老师,您,您别说了……请告诉我这个问题该怎么回答……"

这位老师尊重自己的学生,并心平气和地耐心引导,消除了学生反感的情绪,终于打开了学生的心扉。

试想如果这位老师居高临下,不分青红皂白,对学生一通批评,学生的抵触情绪会更大,更不会轻易地认错,因为她失了面子,老师势必没有达到规劝的目的,甚至可能连课也没法往下上了。

法则17:"随机应变"说服不同对象

与人说话,先要明白对方的个性,他喜欢婉转,就应该说婉转的话;他喜欢率直,你就应该说率直的话;他崇尚学问,你就多说高深的话;他喜谈琐事,你就说点浅显的话。说话方式能与对方个性相符,自然能一拍即合。

与人说话，不单单就是说话，重要的是根据对方的文化修养、个性性格、心理需求、所处背景、角色关系、语言习惯乃至职业特点、性别年龄、个人经历等不同因素，恰如其分地给对方以清晰的表达。

1889年，清廷任命张之洞为湖北总督。新任伊始，适逢新春佳节，抚军谭继洵为了讨好张之洞，设宴招待张之洞，不料席间谭继洵与张之洞因长江的宽度争论不休。谭继洵说五里三，张之洞认为是七里三，两人各持己见，互不相让。眼见气氛紧张，席间谁也不敢出来相劝。这时列末座的江夏知事陈树屏说："水涨七里三，水落五里三，制台、中丞说得都对。"这句话给两人解了围，都抚掌大笑，并赏了陈树屏二十锭大银。

陈树屏巧妙且得体的言词，既解了围又使双方都有面子。这种赞赏就充分考虑了听者的心理和当时的境况。

话要因人而异，必须考虑几点因素。

第一，听者的文化知识水平。

文化知识水平不同，对说话的接受能力是不同的。比如要表述对社会嫉贤妒能现象的认识，听者为知识分子，可说"木秀于林，风必摧之；堆高于岸，流必湍之；行高于众，人必非之"。但这话就不能再照搬讲给文化水平不高的听众，而可以说"枪打出头鸟""出头的椽子先烂"这样的俗语，对方会更容易接受，讲话才会有效果，赞美人同样如此。

第二，听话者的性格特征。

对方性格外向，透明度高，可以多赞美他，他会很自然接受；如果对方比较内向、敏感、较严肃，你过多地赞美他，会使其认为你很轻浮、浅薄。因此，在赞扬对方时要注意这一点。

第三，听话者的心理特点和情感需求。

交谈双方各有欲望，要迎合对方的需求讲赞美的话。一个不喜欢淑女型、个性鲜明、男孩子气十足的女子，如果你夸她长发披肩、长裙摇曳、婀娜多姿、美丽迷人，她也许不会感激你，还有可能骂你多管闲事。如果了解她的心理，夸她短发看起来又精神又有活力，她一定会开心。

19世纪的维也纳，上层妇女喜欢戴一种筒高沿宽的帽子。她们进剧院看戏，仍然戴着帽子，挡住了后排人的视线，对剧院要求女客脱帽的规定她们不予理睬。一日，剧院经理灵机一动，在台上说："女士们请注意，本剧院要求观众一般都要脱帽看戏，但是，年老一些的女士——请听清楚——年老一些的女士，可以不必脱帽。"此话一出，全场的女性全部自觉把帽子脱了下来：谁愿意承认自己年老呀！

这位聪明的经理正是利用了妇女们爱美、爱年轻的心理特点和感情需求，使原先头痛的问题迎刃而解。

第四，听话者的性别特征。

与不同性别的人讲话，应选择不同的方式。对体胖的女子，你说她又矮又胖，一定会令人反感；但你夸她一点不胖，只是丰满，她会得到几分心理安慰，不会因为自己胖而自卑。对同样体型的男子，你说他矮胖，他也许会置之一笑。

第五，听话者的年龄特征。

你若想打听对方的年龄，不同年龄要采取不同问法。对小孩子可以直接问："今年几岁了？"对老年人则要说："今年高寿？"对年龄相近的异性不可直接问，要试探着说："你好像没我大？"对年纪稍大的女性，年龄更是个"雷区"，问得不好讨人厌。一个40岁的中年女子，你开口道"快50了吧"，对方一定气愤不已，你小心地问"30出头了吧"，她一定会心花怒放，笑逐颜开。

第六，听话者的心境特征。

俗话说："入门休问枯荣事，观看容颜便得知。"在与别人说话时，要学会察言观色。不同听话者的心境不同，对同一句话的反应也不同。比如某人正在大发雷霆，你最好等他火气消了后再跟他谈论其他的事。

除了以上因素，还要考虑不同职业、不同宗教信仰等因素。列宁说："对马车夫讲话应该不同于水手，对水手应该不同于对排字工讲话。"陈毅某次出访东南亚，一宗教界人士送他一尊菩萨，他见机谢道："有了菩萨保佑，我更不怕帝国主义了。"这里陈毅借用宗教术语，既显示了对宗教的尊重，又表达了对宗教界人士的谢意，有深意而不乏风趣幽默。

法则18：善用"喜欢你"获得别人好感

心理学家说，在实际生活中没有人是完全自信的，因此大多数人都特别需要别人对自己的肯定。

一天，妻子请她的丈夫讲出自己的6个缺点，以便成为更好的妻子。他想了想说："让我想一想，明天早晨再告诉你。"第二天一大早,他来到鲜花店,请花店给妻子送6朵玫瑰,并附上一个纸条:"我实在想不出你需要改变的6个缺点,我就爱你现在这个样子。"当他晚上回到家时,妻子站在门口迎接他,她感动得几乎要流泪。

  人大概都有一些自恋,也就是喜欢自己。这个世界上,你最爱的人是谁?恐怕大部分人都会回答是自己。人们都把自己当成世界的中心,以自己作为衡量一切的标准。

  这符合人的自我中心的本性。如果别人喜欢我们,就比较容易赢得我们的喜欢,而不管他客观上是怎样的人。

  看看你身边的人,你想过你喜欢的人通常具有哪些特征吗?你喜欢他们,是因为他们漂亮吗?还是因为他们聪明?或者是因为他们有钱?有社会地位?

  心理学研究表明,我们通常喜欢的人,是那些也喜欢我们的人。他们不一定很漂亮,或很聪明,或者很有社会地位,仅仅是因为他们很喜欢我们,我们也就很喜欢他们。这个规律叫相互吸引定律。那么,我们为什么会喜欢那些喜欢我们的人呢?因为喜欢我们的人使我们体验到了愉快的情绪,一想起他们,就会想起和他们交往时所拥有的快乐,使我们一看到他们,自然就有了好心情。而且,那些喜欢我们的人使我们受尊重的需要得到了满足。因为他人对自己的喜欢,是对自己的肯定、赏识,表明自己对他人或者对社会是有价值的。

  这就是为什么很多人都会说:"我宁愿选择喜欢我的人,也不要选择我喜欢的人。"人都有惰性,无休止的付出却得不到回报对每个人来说，都是件极其痛苦的事情。而和喜欢自己的人在一起，就会感到非常轻松快乐，因为他时时刻刻都在用心对待你，让你开心，把你放在心上，你会有一种被重视的感觉。

有些人很善于利用这个心理定律去赢得别人的好感。那就是，为了得到别人的认可，就表现出喜欢对方的样子。

比如推销员，他每天要面对许多从未谋面的人，也许他并不了解那些人，但是，他必须表现出对对方喜欢的态度，这正是为了让对方也喜欢他、接受他，如此他的生意才好做。

可以说，这个规律在社交场中很具有实用价值。这是赢得别人好感的捷径。你可以经常表现出对别人的兴趣，这就表明你对他有好感，就会很容易赢得他同样的情感回报。

回想一下我们自己，当别人表达出对我们的喜爱的时候，我们是不是会有一种莫名其妙的欣喜？心花怒放？我们会不自觉地对他有着更深的印象，有着更好的感觉，甚至会不自觉地对他也产生好感？

在某种程度上，这种心理规律也和人们缺乏自信有关。一个人如果自我尊重程度较强，较为自信，那么别人表示出来的对他的喜欢和赞扬，对他的影响就不是很大，人际吸引的相互性原则对他的作用也就不是很大。

而那些具有较低自我尊重的人，往往不喜欢那些给他们否定性评价的人，因为他极不自信，所以特别需要别人的肯定，特别看重别人表达的对自己的喜欢之情。

有很多这样的情况，就是两个人的相互喜欢是由一个人对另一个人单方面喜欢开始的。比如一个女孩开始时对一个男孩并没有多少好感，但是这个男孩子表现出了对她特别喜欢的态度，久而久之这个女孩也对这个男孩动心了，最后接受了他的追求。

有一个小伙子固执地爱上了一个商人的女儿，但姑娘始终拒绝正眼看他，因为他看起来古怪可笑而且还有些驼背。

这天，小伙子找到姑娘，鼓足勇气问："你相信姻缘天注定吗？"

姑娘眼睛盯着天花板答了一句："相信。"然后反问他，"你相信吗？"

他回答："我听说，每个男孩出生之前，上帝便会告诉他，将来要娶的是哪一个女孩。我出生的时候，未来的新娘便已经配给我了。上帝还告诉我，我的新娘有点驼背。我当时向上帝恳求：'上帝啊，一个驼背的妇女将是个悲剧，求你把驼背赐给我，再将美貌留给我的新娘。'"

当时姑娘看着小伙子的眼睛，并被内心深处的某些记忆搅乱了。她把手伸向他，之后成了他最挚爱的妻子。

法则19：巧用"没话找话"来迎合他人

每个人都有自己感兴趣的事物或话题，我们不妨去迎合他的兴趣，积极主动地为他人送上一顿"美味大餐"，相信总比漫无目的地乱说一通强过一百倍。

李明结婚后久居岳母家里。为了讨得岳母的欢心，他总是主动干家务活儿，但岳母大人还是欢笑不起来。

后来，他发现每当他说外边发生的新鲜事儿，岳母就非常高兴，总是睁大眼睛"刨根问底"。于是他便开始留心各种各样的"新闻"，每天回到家里，就找机会向岳母大人进行"新闻汇报"。从此岳母大人见他回来总是笑脸相迎。

有时没等他开口，岳母就急着问："今天又有什么新鲜事儿，快讲给我听听。"听完之后还要向来串门的人进行"新闻重播"，并自豪地说："我们家的女婿知道的事情真多，我是天天不出门，便知天下事哟。"

从心理学的角度讲，要想让别人喜欢你，就要说别人喜欢听的话，而不是只说自己喜欢说的话。

查利夫是卡耐基的朋友，他是一位在童子军中极为活跃的人物，他给卡耐基写了一封信：

有一天，我觉得我需要有人帮忙，我要请美国一家大公司的经理资助我的一个童子军的旅费。

幸而在我去见这人以前，我听说他曾开了一张百万美元的支票，而这张支票退回之后，他把它置于镜框之中。

所以我走进他办公室所做的第一件事就是谈论那张支票——一张一百万美元的支票！

我告诉他，我从未听说有人开过这样的一张支票，我要告诉我的童子军，我的确看见过一张百万美元的支票。

他很欣喜地向我出示那张支票。我表示羡慕他，并请他告诉我其中的经过、情形。

结果，他不但即刻答应了我的请求，并且比我要求的还多得多。我只请他资助一个童子军赴欧洲，但他竟资助了五个童子军的费用，并让我们在欧洲住一个星期。他又给我开了介绍信，介绍给他分公司的经理，让他们帮忙。他又亲自在巴黎接我们，带领我们游览城市。自此以后，他还向那些家境贫苦的童子军提供一些工作，而且现在他仍在我们的团体中活跃地工作。

这可真是让我惊叹万分，但是我知道如果我不曾找出他所感兴趣的事，使他先高兴起来，那么我想接近他是多么不容易！

在这封信中，自始至终，查利夫先生没有谈论童子军的旅费问题。他谈论的是对方所感兴趣的事情。

只要让对方感到受重视，让对方高兴，往往你会收获到比预期多得多的果实。

有时我们谈论对方的兴趣，并不是那么随意，那么得心应手，这就需要我们做些准备，以便能更好地和对方进行愉快的沟通。

有一位朋友，一向习惯在别人名片背后，密密麻麻地写上一大堆资料。起初有人以为他是为了便于了解对方，才故意记录的。后来才得知他所写的资料，并不是对方的年龄、籍贯等，而是记载对方的兴趣。他会刻意搜集与对方兴趣有关的所有资料，作为与对方见面时谈话的切入点和主要内容。例如，对方的兴趣是钓鱼，他就会收集有关钓鱼这方面的资料，并在见面时与他大谈钓鱼之道。对方的兴趣是跳舞，他就会收集有关跳舞的资料，在见面时主要谈论跳舞的话题。

从心理学上讲，每个人都有自己的兴趣，都对和自己有共同兴趣的人有着特殊的好感。所以，当对方一听到他对自己的兴趣爱好也这么感兴趣并如此了解，就会产生"同好"而感觉倍加亲切。

只要谈得高兴，还有什么事情不好办呢？或许有人会认为如此太过于功利主义，但事实上却不尽然。收集各种资料，不但有利于在与对方见面时，可以有共同的话题，对于自己知识领域的充实也是有利无害的，并且以长远眼光来看，这将是一项非常有用的自我表现方法。

凡是拜访过罗斯福的人，无不对他广博的知识感到惊奇。无论是一个牧童、猎骑者、纽约政客，还是一位外交家，罗斯福都知道同他谈些什么。那么罗斯福是如何做到这一点的？答案很简单。无论什么时候，罗斯福每接见一位来访者，他都会在这之前的一个晚上阅读有关这一客人所特别感兴趣的东西，以便找到令人感兴趣的话题。

谈论对方感兴趣的事或物，是在无形中给对方一个赞美和肯定，会让对方对你有好感，从而拉近彼此之间的距离，达到影响并说服他人的目的。

法则20：巧用"敬语、谦词"赢得尊重

常言道：你敬我一尺，我敬你一丈。可见，人与人之间互相尊敬是多么重要。尊重是人与人之间和睦相处的前提，只有尊重

别人才能得到别人的尊重。生活中到处可见谦谦君子，也随时可见颐指气使的无礼之人。显然，我们都喜欢前者。

平常说话有许多口头"敬语"，我们可以用来表示对人尊重之意。比如，"请问"就有如下说法：借问、动问、敢问、请教、借光、指教、见教、讨教、赐教等；表示"打扰"有如下词汇：劳驾、劳神、费心、烦劳、麻烦、辛苦、难为、费神等。

如果我们在语言交际中记得使用敬语和谦词，相互间定可形成亲切友好的气氛，减少许多可以避免的摩擦和口角。

有一位服务于某大型电脑公司，担任系统工程师的职员。他在公司已服务六年，技术优秀并很关照晚辈，上级对他也欣赏有加。但他却在一次与客户的交涉中，犯了意想不到的大错误。

某客户买了这家公司的电脑，因而召集员工听该电脑公司的人讲解。这位系统工程师极认真而详细地解说电脑的操作和内容。在说明会的休息时间里，他前往洗手间，要洗手时才发现没有洗手用的香皂了。他看见隔壁放着一块，但正好有一位老人在用，这位工程师由于赶时间，并未向老人打声招呼就径自伸手将香皂取过来用了，然后在隔壁随便抓把卫生纸擦手，就匆匆走出去。

那位老人对这位工程师的所作所为很生气，认为不招呼一声就随便用别人位子上的东西，是很不礼貌的行为。而这位老人正是这家客户公司的董事长。

"这么不懂礼貌的人，是哪家公司的人？"

这位董事长一询问，知道就是电脑公司派来做说明大会的工程师，结果使得原本要成交的电脑被退了回去。这么一来，电脑公司也开始调查原因。电脑公司总经理特意到这家公司谢罪，但还是无法挽回工程师所造成的恶果，工程师也因此引咎辞职。

这位本来很有前途的优秀工程师，若能在洗手时多说一句"对不起，能让我先用一下吗？"，整个情形都将为之改观。由此可见，哪怕是短短的一句话，也是不容轻忽的。

倘若经常觉得"这种小事不说也无妨，对方一定会知道的"，或认为"芝麻小事，不说也罢"，这就错了。虽然是芝麻小事，仍是要经由嘴里讲出，对方才能明白、谅解。

像前面的例子中，虽然电脑公司的人前去给生气的董事长道歉，但并没有缓和彼此间的气氛，反而加深了彼此间的裂痕，这样的例子并不少见。

前去道歉的人心里总是难过，头也是垂下的。道歉之前，总想先解释事情，结果往往忘了说几句对不起的话，反而更引起对方的不满。所以去道歉的人，看到对方要马上先说："真对不起，我错了。"先诚恳地承认错误，然后再说明事情也不迟。在说明时，也不要忘记强调歉意，并说："真的很抱歉""你所说的很有道理"，或说："我了解你的意思。"

听对方说话时，必要的时候，还要点头附和，这样对方的火气才会降下来，并通过这次会谈使彼此之间更加和谐。

在任何场合，我们都需要保持谦卑的姿态，以礼服人，以德服人。这样，你才会得到别人的敬重。

法则 21：先"满足"对方需求以保全自身

西方哲学家马斯洛说，人的需要由低级向高级分为五个层次，排列为：生理的需要、安全的需要、从属和爱的需要、尊重的需要、自我实现的需要。将这些需要应用于交谈，要求你善于体察人心，了解对方最迫切的需求，有的放矢，并采用适当的方式予以激发和满足，使之产生所要求的行为。

传说袁世凯当了临时大总统后，每天做着皇帝梦。

一天，袁世凯正在午睡，一位侍婢按时端来参汤，准备供袁世凯醒后进补。谁知这位侍婢进门时不慎，将手中珍贵的羊脂玉碗打翻在地，化为碎片。玉碗的破碎声惊醒了袁世凯，他一见自己心爱的羊脂玉碗被打得粉碎，气得脸色发紫，大声吼道："今天俺非要你的贱命不可！"

在这生死存亡的时刻，婢女连忙跪着哭诉："这不是小人之过，婢女有下情不敢上达。"

袁世凯大骂道："快说快说，看你死到临头，还编什么鬼话。"

侍婢哭着回答："小人端参汤进来，看见床上躺的不是大总统。"

"混账东西，"袁世凯更加怒不可遏，"床上不是俺，能是啥？"

"小人不敢说，怕人啊！"婢女哭声更大了。

袁世凯气得陡然立起，咬牙切齿地说："你再不说，瞧俺不杀了你！"

"我说，我说。床上，床上……床上躺着一条五爪大金龙！婢女一见，吓得跌倒在地……"

袁世凯一听，心中不由一阵狂喜，以为自己是真龙转世，真是要登上梦寐以求的皇帝宝座了。袁世凯顿时怒气全消，情不自禁地拿出厚厚的一沓钞票为婢女压惊。

婢女终日侍奉袁世凯，对他梦想当皇帝的心理当然体察入微。当宝碗玉碎、生死攸关之际，婢女情急智生，顺口编出"五爪金龙惊落玉碗"的故事。这故事正好"印证"了袁世凯的美梦——真龙转世，满足了他的心理需求，使袁世凯化盛怒为狂喜。婢女不但捡回了小命，还得到了"皇恩"。

春秋战国之际，在楚宣王执政时间，楚国实力强盛，邻国都不敢和楚国作对。楚宣王听说中原各诸侯国都很畏惧大将昭奚恤，他心里不是滋味，于是问众大臣："各诸侯国如此畏惧昭奚恤，他实际上怎么样？"群臣听后都默不作声，不知怎样回答才好。

这时一位叫江一的大臣站出来说："我还是先讲一个故事：饥饿的老虎出来找食物，抓到一只狐狸。狐狸对老虎说：'你不能吃我，天帝派我来做百兽之王，你要是吃掉我，就是违背了天帝的旨意。如果你不相信，我可以走在你前面，你在我后面跟着，看百兽见了我是不是都害怕。'老虎相信了狐狸的话，跟着它走，果然不管是什么野兽见了它们走来都吓跑了。老虎并不知道野兽们是由于害怕自己而逃跑的，还以为真是害怕狐狸哩！"

江一讲完这个故事后，接着说："如今国王有土地千里，军队一百万,而把军权交给昭奚恤,所以各诸侯国就惧怕他了。其实,他们是怕国王的军队,好比百兽害怕老虎一样。"

楚宣王听说各诸侯国害怕的是昭奚恤,而不是他自己,心里自然不是滋味。君王妒臣,臣难免有性命之忧。江一站出来以故事相喻,指出昭奚恤不过是狐假虎威,借用君王的威风罢了,使楚宣王释然。

这就是要掌握对方需要的重要性。只要满足了对方的心理需要,没有什么事是不能成功的。

法则22:通过"口气"探知对方的心理

日本作家大久光有一个有趣的比喻:"协调关系是糖,对立关系是盐。单单是糖太过甜腻,适度地加点盐,人际关系才会变得更协调。"

在现代社会中,人际关系就犹如空气一般,谁也脱离不开这张巨网。但是,光靠广泛的交际,无法真正建立良好的人际关系,你必须用心了解谁才是值得你用心交往的对象,然后加糖加盐,让彼此的关系更紧密。

和别人交往的过程中,其实仅仅从谈吐、遣词用字方面,就可以窥视对方的内心状况,明了自己应该如何应对。因为,谈吐的方式会反映出一个人当时的心理状态,越是深入交谈,越会暴露出他的本来面目。因此,谈吐方式、遣词用字,无疑是探知一个人真正性格和心理状态的重要依据。

当话题进行至核心部分时,说话的速度、口气,就是我们探知对方深层心理意识的关键。当然,说话的声调也是不可忽视的要点。巧妙地分析对方谈话的口气、速度、声调,探究对方的内心正在想些什么,这是创造和谐的要点。

不同身份的人有不同的说话语言。有的人说话粗俗下流,有的人说话谦恭有礼、有条不紊,有的人说话内容丰富真实,当然也有人一派胡言,或内容空洞、不知所云。总之,一个人所说的话,能反映出他的内涵。

高贵优雅、气度非凡的人说话温和流畅,并且他们常用文雅的应酬用语。然而,这类人应分为两种,一种人表里如一,另一种人口是心非。后者很多是外表高尚而内心丑恶的人,他们不愿被对方察觉自己极力掩饰着的目的,所以才使用文雅的口气说话。

相反,谈吐粗俗的人则显得比较单纯。这种类型的人,无论对上司或部下,对同性或异性,都不改其谈吐方式,喜欢就喜欢到底,讨厌也讨厌到底。

此外,在初次见面的情况下,这种人的好恶表现也相当明显,不是表现得很不耐烦,就是亲热若多年挚友。

说话说到伤心处,就哭哭啼啼、一把鼻涕一把眼泪的人,说明他的依赖性非常强。这种人尽管平常表现得和蔼可亲,善于交际奉承,但实际上非常自私、任性,大多属于不受欢迎的角色。好掉泪的人有一个屡试不爽的看家本领,就是以半哭半泣的声调,打动别人的恻隐之心,以达到自己的目的。这一秉性是很难改掉的。

不听对方说话,只顾自己滔滔不绝、口沫横飞的人,则属于强硬类型，这种人只要在说话的时候，别人肯"嗯、嗯"地静静听他说，他就可以产生好感。这种人的最大弱点就是自尊心太强，经常喜欢抢先别人一步。

有的人不善言辞，说起话来支支吾吾，这一类型的人，有时是因为缺乏表现力，无法巧妙地表达自己想要说的话；有时则是个性阴柔、思考深沉、度量狭窄。更有的是欠缺智慧，或者精神上有某种缺陷。

法则 23：称呼"姓名"来增加亲密度

一位学者曾经说过："一种既简单又最重要的增加亲密感的方法，就是牢记住别人的姓名，并且在下一次见面时喊出他的姓名。"

姓名是人的标志，人们出于自尊，总是最珍爱它，同时也希望别人能尊重它。如果你与曾打过交道的人再次见面时能迅速叫出对方的名字，对方一定会感到非常亲切，对你的好感也油然而生；而如果你只是觉得"眼熟"，再次向对方请教"贵姓"，双方一定觉得非常尴尬。

记住每个人的名字，是尊重一个人的开始，也是增加亲密感的重要一步。两个多年未见的朋友在街头邂逅，一方能够脱口而出对方的名字，必能使对方兴奋不已；即使只有一面之交的人，再次偶然相遇，清楚地记得对方的名字，必能使其对你刮目相看。

钢铁大王安德鲁·卡内基是一个非常善于利用人们对自己姓名重视的心理来与人相处的企业家。

卡内基孩提时代在苏格兰的时候,有一次抓到一只兔子,那是一只母兔。他很快发现了一整窝的小兔子,但没有东西喂它们。于是,他想了一个很妙的办法。他对附近的那些孩子们说,如果他们能找到足够的苜蓿和蒲公英喂饱那些兔子,他就以他们的名字来替那些兔子命名。这个方法太灵验了,许多孩子争着去为他寻找兔粮。

好多年之后,他在商业界仍然利用同样的方法,赚了好多好多的钱。例如,他希望把钢铁轨道卖给宾夕法尼亚铁路公司,而艾格·汤姆森正担任该公司的董事长。因此,卡内基在匹兹堡建立了一座巨大的钢铁工厂,取名为"艾格汤姆森钢铁工厂"。

当卡内基和乔治·普尔门为卧车生意而互相竞争的时候,这位钢铁大王又想起了那个兔子的经验。

当时卡内基控制的中央交通公司,正在跟普尔门所控制的那家公司争夺联合太平洋铁路公司的生意,你争我夺,大杀其价,以致毫无利润可言。卡内基和普尔门都到纽约去见联合太平洋铁路公司的董事会。有一天晚上,在圣尼可斯饭店碰头了,卡内基说:"晚安,普尔门先生,我们争得你死我活岂不是在出自己的洋相吗?如果我们合作,你看怎么样?"

"你这句话怎么讲?"普尔门想知道。于是卡内基把他心中的话说出来——把他们两家公司合并起来。他把合作而不互相竞争的好处说得天花乱坠。普尔门全心倾听着,但是他并没有完全接受。最后他问:"这个新公司要叫什么呢?"卡内基立即说:"普尔门皇宫卧车公司。"

听完，普尔门的目光一亮。"到我的房间来，"他说，"我们来讨论一番。"这次的讨论改写了一页工业史。

安德鲁·卡内基这种记住以及重视朋友和商业人士名字的方式，是他领导才能的秘密之一。他以能够叫出他许多员工的名字为傲，他很得意地说，当他亲任主管的时候，他的钢铁厂未曾发生过罢工事件。

记住他人的姓名，在政治上与商业界和社交上的重要性几乎一样。一名政治家所要学习的第一课是："记住选民的名字就是政治才能，记不住就是心不在焉。"

罗斯福开始竞选总统前的几个月中，其助手吉姆一天要写数百封信，分发给美国西部、西北部各州的熟人、朋友。而后，他乘上火车，在19天的旅途中，走遍美国20个州，行程12 000公里。除了火车外，他还用其他交通工具，像轻便马车、汽车、轮船等。每到一个城镇，吉姆都去找熟人进行一次极诚恳的谈话，接着再开始下一段的行程。当他回到东部时，立即给在各城镇的朋友每人一封信，请他们把曾经谈过话的客人名单寄来给他。那些不计其数的名单上的人，他们都得到吉姆亲密而极礼貌的复函。

吉姆早就发现，一般人对自己的姓名最感兴趣。把一个人的名字记住，并很自然地叫出来，你便对他含有微妙的恭维、赞赏的意味。若反过来讲，把那人的姓名忘记或是叫错了，不但使对方难堪，而且对你自身也有一定的影响。

一般人大概不会比罗斯福更忙，可是他甚至会把一个技工的名字牢牢地记下来。罗斯福总统知道一种最简单、最明显而又最重要的获得好感的方法，那就是记住对方的姓名，使别人感到自己很重要。

法则24：用"你是对的"来获得其认同

有时候，当我们犯了错误时，并非意识不到犯了错误，只是顽固地不肯承认而已。所以，当你对一个人说"你错了"的时候，必然撞在他固执的墙上。这种情况下，你不妨先说一句"你是对的"先消除对方的顾虑，然后再将话题继续。

没有几个人具有严谨的逻辑性思考的能力。我们多数人都具有武断、固执、嫉妒、猜忌、恐惧和傲慢等缺点，所以我们很难向别人承认自己错了。

而且，一个人说错话或者做错事总是有原因的，所以我们即使明知自己错了，也会强调客观原因，认为错得有理。

正如罗宾森教授在他的《下决心的过程》中所说：

"我们有时会在毫无抗拒或热情淹没的情形下改变自己的想法，但是如果有人说我们错了，反而会使我们迁怒对方，更固执己见。我们会毫无根据地形成自己的想法，但如果有人不同意我们的想法时，反而会全心全意维护我们的想法。显然不是那些想法对我们珍贵，而是我们的自尊心受到了威胁……'我的'这个简单的词，是为人处世的关系中最重要的，妥善运用这两个字才是智慧之源。不论说'我的'晚餐，'我的'狗，'我的'房子，'我的'父亲，'我的'国家或'我的'上帝，都具备相同的力量。我们不但不喜欢说我的表不准，或我的车太破旧，也讨厌别人纠正我们对火车的知识……我们愿意继续相信以往一贯相信的事，而如果我们所相信的事遭到了怀疑，我们就会找借口为自己的信念辩护。结果呢，我们所谓的推理，多数变成找借口来继续相信我们早已相信的事物。"

有一位先生，请一位室内设计师为他的居所布置一些窗帘。当账单送来时，他大吃一惊，他意识到自己在价钱上吃了很大的亏。

过了几天，一位朋友来看他，问起那些窗帘时，说："什么？太过分了。我看他占了你的便宜。"

这位先生却不肯承认自己做了一桩错误的交易，他辩解说："一分钱一分货，贵有贵的价值，你不可能用便宜的价钱买到高品质又有艺术品位的东西……"

结果，他们为此事争论了一个下午，最后不欢而散。

当我们不愿承认自己错了的时候，完全是情绪作用，跟事情本身已经没有关系。当我们错的时候，也许会向自己承认。如果对方处理得很巧妙而且和善可亲，我们也会向别人承认，甚至以自己的坦白直率而自豪。但如果有人想把难以下咽的事实硬塞进我们的食道，那我们是决不肯接受的。

既然我们自己有这种习性，那么就可以理解别人也具有同样的习性，因此不要把所谓的"正确"硬塞给他。

有一位汽车代理商，在处理顾客的抱怨时，常常冷酷无情，绝不肯承认是自己这方面的错误，总想证明问题的根源是顾客在某些方面犯了错误。结果，他每天陷于争吵和官司纠纷中，心情一天比一天坏，生意也大不如以前。

后来，他改变了处理客户抱怨的办法。当顾客投诉时，他首先说："我们确实犯了不少错误，真是不好意思。关于你的车子，我们有什么做得不合理的地方，请你告诉我。"这个办法很快使顾客解除武装，由情绪对抗变成理智协商，于是事情就容易解决了。如此一来，这位代理商就能轻松地处理每一件事情，生意也越来越好。

当我们说对方错了的时候，他的反应常让我们头疼，而当我们承认自己也许错了时，就绝不会有这样的麻烦。这样做，不但会避免所有的争执，而且可以使对方跟你一样地宽宏大度，承认他也可能弄错。

古埃及阿克图国王在一次酒宴中对他的儿子说："圆滑一点，它可使你予求予取。"

不要对别人的错误过于敏感，不要执着于所谓的正确意见，不要轻易地刺激任何人。如果你要使别人同意你，应当牢记的一句话就是，尊重别人的意见，说一句"你是对的"。

法则25：用"我不知道"来增加人气

生活中时常有这样一些人，他们似乎无所不知、无所不晓，无论任何话题他都能聊起来,一副饱学之士的样子。这类"万事通",初次给人的感觉或许是很有学识,但时间长了就会给人卖弄之嫌,让人反感。

其实,人与人因所处地域不同、文化背景各异,在语言沟通困难时,偶尔说一说"我不明白""我不太清楚""我没有理解您的意思""请再说一遍"之类的话,不仅不会降低你的身价,反而会使对方觉得你富有人情味,真诚可亲,从而愿意与你合作。相反,趾高气扬、高谈阔论、锋芒毕露、咄咄逼人的做法,很容易挫伤别人的自尊心,引起大家的反感,以致别人筑起防范的城墙,导致自己很被动。

谦逊比精明逞强更能获得人们的帮助,细声小语有时反比伶牙俐齿更易取得成功。

有一次,一位美国加州大学的著名教授在演讲时提出他做的老鼠实验的结果。此时,有一位学生突然举手发问,提出了他的看法,并问这位教授假如用另一种方法来做,实验结果将会如何。所有的听众全都看着这位教授,等着看他如何回答这个刁钻的问题。结果,这位教授却不慌不忙,直截了当地说:"我没做过这个实验,我不知道。"

当教授说完"我不知道"时,台下响起了经久不息的掌声。

心理学家邦雅曼·埃维特曾指出,平时动不动就说"我知道"的人,不善于同他人交往,也不受人喜欢;而敢于说"我不知道"的人,显示的则是一种富有想象力和创造性的精神。埃维特还说："如果我们承认对某个问题需要思索或老实地承认自己的无知，那么我们自己的生活方式就会大大地改善。"这就是他竭力提倡的态度，人们可以从中得到益处。

在一位著名烹调师的妻子举行的一场晚宴上，布朗先生在和女主人以及另一位男宾交谈时，发现女主人的神情不那么自然。

忽然，女主人指着桌子上一个黑色金属用具——看上去像一种电动烤肉铁架——说道："这种特别的工具是用来做'热吃干酪'的，你们知道'热吃干酪'是怎么回事吗？"

布朗先生刚想说"知道"，那位男宾却抢先叫了起来："是吗，完全不知道。什么是'热吃干酪'？是牛排的一种新吃法吗？"

听到这些话，女主人露出了微笑。她向客人做了详细介绍，而且渐渐地变得喜笑颜开了。

听完这些，布朗先生才恍然大悟，原来"热吃干酪"并不像自己所想的是一种什么奶酪三明治，而是干酪火锅的一种吃法。这一课使布朗先生受益匪浅：不但弄清了一件原以为知道的事情的本来面目，更重要的是，布朗先生看到了自己身上的一个主要缺点，那就是以为自己什么都知道。

抱着一种学习的心态与人交往，不但显示了你的谦逊，而且你确实也能学到不少东西。

人们不喜欢摆出一副不懂装懂的姿态，"不知道"反倒给人一种有效的表现自我的方式，因为坦率本身就会给人一种强烈的印象，会让人觉得你很诚实，进而对你产生亲密感。

与人交谈时，什么都可以谈，但是，在浩渺无边到处都可以航行的谈话题材的大海里，也有一些小小的礁石，要留心避免它。对于你所不知道的事情你却冒充内行，是一种自欺欺人的愚蠢行为。你知道多少就说多少，没有人要求你做一本百科全书，即使是一个最有学问的人也不可能无所不知。

所以，坦白承认你对于某些事情的无知、不知道，这绝不是一种耻辱，相反，这会使别人认为你的谈话有值得参考的价值，没有吹牛，没有浮夸，没有虚伪。你就更容易赢得别人对你的好感，也更能增加你的人气值。

法则26：在背后"说人好话"赢得人心

我们平常的谈话实际上有90%都是闲聊。那种品质恶劣的人总是以议论及诽谤人为中心，仿佛这个世界上人人都不行，只有他最行，或者通过指责别人的不是来抬高自己。这种人正是自尊心极低的人。他没有真本事去表现自己，只有借助于挑别人的短处来提高自己的身价，这样的人令人齿冷。

玉华的公司长期和一家外贸企业合作做生意。外贸公司的大胖子徐经理可以说是他们的财神爷。有一天在公司里，玉华极力劝说徐经理和他们扩大贸易范围，费了九牛二虎之力也没能说服徐经理。徐经理刚一走，玉华就恼羞成怒地说："你们看徐胖子，往公司大门口一站，蚊子都只有侧着身子才能飞进来；他那条短裤，肯定是他老婆用两个米袋子改的。"

结果徐经理忘了拿包，正好回来。虽然旁人不断给玉华使眼色，但他越说越得意，全然没注意到徐经理正在自己后面。过了一会儿，玉华才发现人们都不笑了，一回头，恰好看到徐经理涨得发紫的脸，玉华当时的那种尴尬劲儿就甭提了。旁人赶紧打圆场："玉华这个家伙，就是嘴巴讨厌。"玉华也急忙赔着笑脸道歉，说自己喜欢开玩笑。徐经理当时没吭一声就走了。之后，虽然玉华多次请徐经理吃饭，想方设法赔礼道歉，但关系始终恢复不到以前的样子了，生意合作也因此少了很多。

这就是背后说人坏话的代价。

做人做事有这样一条规则：判断别人时，你自己也正在被别人判断。一个经常说别人坏话、挑别人短处、指责别人错误的人，只会让人感到其爱挑剔而难于与其相处，让人感到其品质恶劣而对其厌烦。如果你总是认为这个人也不好，那个人也不行，人人都有问题，那么只能说明你自己不善于与人相处，自己有问题。别人正是通过你对别人的判断，来判断你的为人。

喜欢听好话似乎是人的一种天性。当来自社会、他人的赞美使其自尊心、荣誉感得到满足时，人们便会情不自禁地感到愉悦和鼓舞，并对说话者产生亲切感，这时彼此之间的心理距离就会因一句好话而缩短、靠近，自然就为交际的成功创造了必要的条件。

背后说别人的好话，远比当面恭维别人说好话的效果好得多。我们在背后说的他人的好话，是很容易就会传到对方耳朵里去的。

假如我们当着上司和同事的面说上司的好话，同事们会说我们是在讨好上司，拍上司的马屁，从而容易招来周围同事的轻蔑。另外，这种正面的歌功颂德所产生的效果是很小的，甚至还会有起到相反效果的危险。

同时，上司脸上可能也挂不住，会觉得我们不真诚。与其如此，还不如在上司不在场时，大力地对其"吹捧一番"。而这些好话，总有一天会传到上司耳中的。

有一位员工与同事们闲谈时，随意说了上司几句好话："刘经理这人真不错，处事比较公正，对我的帮助很大，能够为这样的领导做事，真是一种幸运。"这几句话很快就传到了刘经理的耳朵里。刘经理心里不由得有些欣慰和感激。而那位员工的形象，也在刘经理心里上升了。就连那些"传播者"在传达时，也忍不住对那位员工夸赞一番：这个人心胸开阔，人格高尚，难得。

在背后赞扬别人，能极大地表现说话者的"胸怀"和"诚实"，有事半功倍之效。比如，夸赞上司，说他办事公平，对你的帮助很大，还从来不抢功，那么，往后上司再想"抢功"时，便可能会手下留情。

当别人了解到你对任何人都一样真诚时，他们对你的信赖就会日益增加，就会更愿意与你交往。

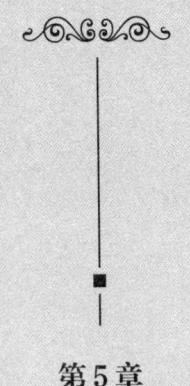

第 5 章

谁敢给你使绊子

——在职场如鱼得水的实用心理学

哈佛商学院教授特哈姆说："在与人谈话前，我情愿用两个小时的时间在他办公室前的人行道上散步，也不愿在还没有清晰的想法、不知该如何说，并且不了解对方、没有充分准备答案的情况下，直接去他的办公室。"可见，在职场沟通中，你需思考在先，行事在后。如何通过自己的言行玩转职场社交，是本章着重讲述的内容。

法则27：让员工"心灵快乐"的管理法

"我要快乐！"这是很多员工的心声。在讲究生存质量的现代社会，工作不仅是谋生手段，人们还要从中找到成就，找到快乐！快乐地工作，快乐地生活，才是我们的目的。

对今天的管理者来讲，员工是否对公司满意是他们最操心的事情之一。有意思的是，如此关注员工感受的公司也许根本不必担心员工会流失的问题。因为对这样的公司来说，成为"最佳雇主"是一种持久的追求，在这些企业里，多数员工的忠诚度能经得起时间的考验。努力让员工感到心灵快乐的公司很少会被员工抛弃。

马云的亲和是跟他接触过的人对他的一致评价。曾经有一个青年员工告诉记者："马云和所有的人都没有距离，这是让人最吃惊的。""只要他有时间，就会深入到普通员工中去，跟他们聊天、谈心。每年年终晚会，马云先生还会扮成维吾尔族少女与大家一起翩翩起舞。"如此快乐的工作氛围是阿里巴巴公司吸引人的关键。

在阿里巴巴，员工可以穿旱冰鞋上班，也可以随时去马云的办公室。马云说："人有一样东西是平等的，就是一天都有24小时。不快乐的工作就是对自己不负责任。"

从管理的角度来看，员工就是企业的内部客户，必须先服务好员工，让他们感受到心灵的快乐，一想到工作就觉得开心、快乐、喜悦，愿意并且能够在企业的平台上不断成长，在工作中获得超越工作本身的价值与意义。

阿里巴巴创业时期的员工直到今天没有一个人离开。别的公司出3倍薪水，员工也不动心。马云不靠高薪留人，却曾自信地说："天下没有人能挖走我的团队。""在阿里巴巴工作3年就等于上了3年研究生，他将要带走的是脑袋而不是口袋。"

金钱能够留住人却留不住心，因此阿里巴巴每年至少要把五分之一的精力和财力用于改善员工办公环境和员工培养方面。

工作的目的不仅仅是生存，而是通过工作（事业）有成就感。马云认为，员工工作的目的包括一份满意的薪水、快乐地工作和一个好的工作环境。其中最重要的就是在企业中能快乐地工作。"我们阿里巴巴的LOGO是一张笑脸。我希望每一个员工都是笑脸。"

马云说："优秀的团队不在于拥有多少个MBA，而是你的这个团队快乐与否。我希望我的团队都是像疯子一样去工作，虽然很辛苦，但是会很快乐，因为他们在做自己喜欢的事情。这个很重要。"

任何人长期在严格、压抑的环境下工作，都会逐渐丧失激情和创造力。快乐管理是为了提高员工的工作幸福感而提出的一种新的管理模式。只有快乐工作的员工，才能为顾客提供最卓越的服务，为企业创造更大的利益。

美国西南航空公司从创立开始就一直坚持一个基本理念——爱。爱的氛围使西南航空公司的员工乐于到公司来，而且以工作为乐。赫伯·克勒赫说："也许有其他公司与我们公司的成本相同，也许有其他公司的服务质量与我们公司相同，但有一件事它们是不可能与我们公司一样的，至少不会很容易，那就是我们的员工对待顾客的精神状态和态度。"

快乐的工作气氛不仅使员工的服务态度更加热情，也使他们的工作效率大大提高。举个例子，西南航空公司的飞行员每月要飞行70个小时，而其他公司的飞行员只飞55个小时。他们的地面指挥站通常仅需要竞争对手一半的人手就足以完成全部工作，他们调度飞机的速度非常快，通常竞争对手需要45分钟，而他们只需要15分钟。西南航空公司员工的高工作效率是它保持低价的关键因素，它的价格比行业平均水平要低25%。

放弃自上而下的控制与命令式管理模式，营造健康、快乐的工作氛围，形成员工内心世界自觉组织的非管理方法，在这种管理模式中，员工的行为才是"自心流出"的，而不是被"管理"出来的。"自心流出"能最大限度地激发员工的创造性，能最大限度地提高组织凝聚力，能最大限度地增强团队的战斗力。

快乐管理让人不仅从心理上，更从情感上获得满足，使人性得到充分肯定与发挥，让工作和生活融为一体。

一个优秀的管理者，一定要有让员工快乐工作的能力，这样才能深得人心，创建高效团队。

法则28：让员工"为幸福工作"的激励法

"不是为幸福而工作，而是工作本身就应该是幸福。"幸福并不只是存在于我们的感情生活中，它一样也存在于我们的工作中。工作的幸福与否，直接影响到我们的生活质量；而生活幸福与否，和工作幸福与否休戚相关。

员工们在心灵感受到幸福的状态下工作，比在情绪低落的状态下工作更高效。员工因感到幸福而更加热爱工作，因热爱而更加投入工作，这就是管理中越来越备受关注的"幸福经济学"。

日本的经营之圣稻盛和夫，很早意识到要满足员工在工作中的幸福感，并旗帜鲜明地提出经营的首要基本目的——"追求使员工物心两方面都得到幸福"。

作为"心灵经营"的实践者，稻盛和夫开展了企业内部的联谊活动。活动以聚餐会形式每年举办2~4次，有重大庆贺项目时另有增加。联谊会上，干部与员工相互斟酒，互诉心声。每次，稻盛和夫总是持杯走到大家中间，询问大家工作情况、存在的问题，并坦诚地说出自己的看法和解决问题的办法。联谊会通过谈工作、谈家事、谈人生，使员工在平等和友爱环境中得到放松，化解了很多矛盾。此外，稻盛和夫把全体员工视为合作伙伴，让所有员工都分得了京瓷股份。

稻盛和夫除了按照惯例定期给职工发放资金外，还给职工发放临时奖金。而另一项具有重大意义的措施,则是实行"职工股份所有"制度,让每个职工都成为公司的股东。在京瓷创立25周年纪念的时候,稻盛和夫还把他个人所有的17亿日元的股份赠与1.2万名员工。有时候,稻盛和夫还把本公司股票,作为对生产中有功劳者的奖励,或替代奖金发给大家。这就直接意味着职工个人财产的增加。在1985年,他投入了所持京瓷公司的股票和现金等个人财产200亿日元成立稻盛财团,创设了"京都奖"。每年在全球挑选出在尖端技术、基础科学、思想艺术等各个领域取得优异成绩、作出杰出贡献的人士进行表彰,颂扬他们的功绩。在这种宗旨下成立的奖项,现在已经成为与诺贝尔奖相匹敌的国际奖。

稻盛和夫的"心灵经营"让所有的员工都领悟到:公司的发展与自身的幸福紧密相连。

在"以心为本的利他经济学"的指导下,稻盛和夫以"让员工物心两方面都得到幸福"作为责任、"为了人类的发展贡献心力"作为根本目标。他所创办的企业成为日本发展最快、最有影响的企业之一。

物质和心灵,是员工幸福的来源。首先是物质的回报,哪里物质回报多,员工就往哪里去。因为,越多的回报给员工带来的幸福感就越大,心灵的向心力就越大。这就是物质幸福所产生的结果。下面,让我们再来看看心灵幸福所创造的奇迹吧!

在通用电气公司,杰克·韦尔奇是有名的"铁血宰相",他决策迅速、果断,办事讲求效率和高质量,同时重视底线和结果。很多通用公司的员工都抱怨过韦尔奇要求太严，工作压力太大，无论在生产上打破多少记录，韦尔奇总嫌不够。然而韦尔奇也有非常关心员工的一面，常常让员工感到幸福。他喜欢以便条的方式与员工沟通，从而给人一种亲切感。

一次，一位中层管理者要在韦尔奇面前第一次汇报一项重要工作。这个经理知道，在这位董事长面前能够通过报告可不是件容易的事。许多时候，他会突然发问，一个接一个，问得你直冒虚汗。当然，他满意的话，你就会得到意想不到的奖励。在汇报时，这个经理由于太紧张，两腿不由自主地发起抖来。汇报结束后，他坦白地告诉韦尔奇："我太太跟我说，如果我的报告不能通过，我就不要回家了。"

在汇报完工作的当天下午，韦尔奇叫人送了一瓶最高级的香槟和一束红玫瑰给这位经理的太太，并在便条中写道："你先生今天表现得非常出色，我们非常抱歉，害得您和他在最近几周备受煎熬。"

想象一下当天晚上，这位经理回到家里，他妻子为他开香槟的情形吧！

关注"幸福经济学"，满足员工物质、心理两方面的幸福。当你能很人性化地对待员工时，他们所感受到的幸福是物质奖励所远远不能达到的。因为这种让员工获得幸福感的心态，会使员工把经营公司的未来和经营自己的个人幸福紧密地联系起来，从而全身心地投入发展壮大公司的大业中。

法则29：给上司留"空间"获得其器重

每个人工作的目的之一都是为了生活，上司也不例外，你怕被"冰冻"，怕丢工作，怕被"刮胡子"，怕不受信任，其实上司的心情和你完全相同。只不过他怕的和你怕的有一些不大相同，因为他还要带领下属，所以他还怕下属工作能力不强，事情做不好他要承担后果，动摇了他的领导地位。

有个朋友曾当过几年兵，在他服役受训的时候，打扫营区是每天例行的工作，可奇怪的是，无论他再怎么努力打扫，几乎连蚂蚁屎都扫掉了，等到营长来巡视时总还要说哪里不够干净，哪里还需要加强，这让他纳闷不已。打扫营区如此，保养武器也是如此，营长总能抓到他的"毛病"。

在他当连长前，营长为他揭晓了谜底。营长说，首先，如果营长每次都满意，士兵就会自然而然地产生懒惰的情绪；其次，没毛病也要找出毛病，是为了凸显营长的权威以方便领导统御，不要让士兵觉得你好说话而敷衍你。

后来他当连长时，充分活用营长的领导哲学，发现效果还真的不错。

在办公室里工作和在军中带兵不同，军中讲究的是服从，而在办公室里根本就是另一回事。做上司的若没毛病还要找毛病，那么他自己难做，下属也会很难做，弄不好会两败俱伤。

当你的能力太强时，有些上司为了"安全"，也为了他的

"江山",他会不断地打击你,挑你的毛病,搁置你的计划,阻断你向他的上司沟通的渠道,甚至恶意地挑拨你和其他同事的关系,最恶劣的还有栽赃、夺权、穿小鞋等手法,当然我们也不能把所有的事都想得那么糟糕。

总而言之,如果他受到他的上司的支持,那么他要找你的毛病总是有办法的。如果你根本没有取而代之的野心,被这样子对待不是很冤枉、很不值得吗?让我们来思考那位营长的话,他没有毛病也找毛病是为了领导统御的需要,那么如果我们能让上司在领导岗位上有安全感,不就天下太平了吗?

一凡在某钢厂宣传处工作。有一天,处长突然叫他整理一个劳动模范的先进事迹。这是处长对一凡的一次考试,它将关系到一凡是否还能继续在机关待下去。对这样的材料,一凡并不感到为难,但有了无形的压力,便不得不格外精心对待。他花了一个通宵,写好后反复推敲,又抄写得工工整整。

第二天一上班,他就把它送到了处长的办公桌上。处长当然高兴,快嘛,字又写得遒劲、悦目,而且在内容、结构上也没有什么可挑剔的。可是,处长越往下看,笑容越收紧。最后,他把文稿退回给一凡,让他再认真修改修改,满脸的严肃,真叫人搞不清什么地方出了差错。

一凡转身刚要迈步,处长像突然想起了什么似的说:"对,对,那个'副厂长'的'副'字不能写成'付',这不合文字规范,你把它改过来,改过来就行了。"处长又恢复了先前高兴的样子,还一个劲地道:"来得快,不错。"这一下考试自然过关!

从这件事中，我们可以得到这样的启示：处理上司交办的任务，一定要尽可能地争取时间快速完成，而不要过分讲究办事的细节和技巧。如果你把事情处理得过于圆满而让人挑不出一点毛病的话，那就显示不出领导比你高明的地方。不然的话，当上司的就会感到你有"功高盖主"之嫌。

善于在办公室里处事的人，常常会故意在明显的地方留一点儿瑕疵，让领导或同事一眼就看见他"连这么简单的东西都搞错"，这样一来，尽管你出人头地，木秀于林，别人也不会对你敬而远之。他们一旦认为"原来你也有错"的时候，反而会缩短与你之间的距离。

适当地把自己的位置放低一点儿，也就等于把别人抬高了许多。当被人抬举的时候，谁还有放置不下的敌意呢？就像那位处长，当终于发现一个错别字的时候，他的脸上不是立即又多云转晴了吗？只有当他对别人谆谆教诲的时候，他的自尊和威信才能恰到好处地表现出来。

如果上司让你去办理一件事，你办得漂亮极了，有的地方显得比上司还要高明。岂不知，这样会弄巧成拙。你的上司可能会因此感到自身的地位将会受到威胁，你的同事可能会因此认为你逞能，爱出风头。陷入这些琐碎的纠缠中，你能感觉到没有压力吗？能开心吗？

所以，作为一个下属一定要适时留一点空间给你的上司。

法则30：给领导"解难"获得其器重

身在职场，想要获得老板的赏识，就应该尽量尊重领导的好恶。这不仅仅是做人的修养，也是一种处事策略。

作为下属，不管你能力有多强，领导不信任你也无济于事。换取领导对你的信任，是你获得器重和日后谋求晋升的基础和前提。

要想使上司对你另眼相看，除了要能在工作上独当一面之外，还能为领导的其他琐事排忧解难，这样的下属才能得到领导更多的垂爱。例如，上司经常找不到需用的文件，你能尽快替他将所有档案和文件系统整理好；要是他对某客户处理不当，你可以得体地代他把关系缓和；他讨厌做的一些工作你不妨代劳。这样，你自己也可以多储存一些工作本钱。

不可只满足于做好自己分内的事，还应在其他方面争取经验，提升自己的工作"价值"，即使是困难重重的任务，也要勇于尝试。那些劳烦上司的事或难题，你都应该想想有没有什么好的建议。还有一种技巧十分微妙，那就是与上司保持良好的沟通，给上司简洁、有力的报告，但重要的事必须向他请示，切莫让浅显和琐碎的问题烦扰到他。

不要逞强，更不要急于表现自己，要耐心寻找上司的工作特点，以他喜欢的方式完成工作。

用自己的言行随时随地对他表示忠心耿耿，以你的态度说明一个事实：我是你最好的朋友，我会尽己所能为你服务。"言必信，行必果"，说出的话要算数。如果你真的努力这样做，他会看在眼里，一定会很明白你的意思，对你日渐产生好感。

谣言或传闻如果是针对公司而来，不妨悄悄地转告上司，提醒他注意，以便让他心中有数。不过，你的措辞与表达方式要简明、直接。要特别注意，以免发生误会。

也许你的上司处世能力远不及你，平时总表现出不可一世的样子，只懂得一味批评下属的工作做得不好，一旦真正出现问题，他却推卸责任，谁也无法从他那里得到明确的指示。然而公司里每个职员都要服从他的命令。你感到很气愤，不过，你不要忘记：每个人都不是十全十美的，与其在公司里明争暗斗，甚至两败俱伤，不如努力与每一个人合作愉快。孔子说："小不忍，则乱大谋。"你应该学会与公司里的每一个人做朋友，在改变不了别人的时候先改变你自己。

在工作中你应做的是支持、爱戴你的上司。自己常常站在他的立场想一想，你会发现对方有许多不得已的苦衷，无论遇到任何工作上的困难，对上司都不可过分依赖，避免与他发生任何正面的冲突。尊敬你的上司，你会发觉对方慢慢开始接纳你的意见，并最终成为你工作中的助力。

小张是某县委办公室的科员，经常会遇到上访者要求见领导解决问题的事情。领导精力有限，如果事事都去惊动领导，势必影响领导集中精力做好全局工作。每当有来访者吵闹着要见领导时，小张总是利用自己的特殊身份，勇敢地站出来，分清情况，解决纠纷，进行协调，必要时还使用强制手段把问题处理好。他经常能够独自解决一些无理取闹、胡搅蛮缠的事件，不怕得罪人。

　　对一些重大的问题，他也是先调查清楚，安抚好上访者之后，再向领导请示，从不让领导直接面对棘手的问题。无论大事小情，他总能处理得有条不紊，众人心服，同样也获得了领导的赞扬。

　　像小张这样的下属，哪个领导不需要呢？这就是领导所赞美的实干家，他比整天跟在领导后面只知道看领导脸色行事，遇到点事就往领导后面跑的人要好得多。

　　在工作中，经常会有一些比较艰难而且出力不讨好的任务，一般情况下领导也难以对下属启齿交代，只有靠一些揣测去体会领导的意思，然后硬着头皮去做。做好了，领导心里有数，但不一定有什么明确的表扬；做得不好，领导怪罪，承受着，到时候领导会"认账"的。可是在这种关键时刻不能挡驾反而出卖领导的人，领导决不会宽容，其他人也不齿。

法则31：为上司"担过"赢得其信任

　　金无足赤，人无完人，领导也有做错事的时候。这时候，你要装作不知道，事后尽力去弥补就是了。

　　中国人酷爱面子，视尊严为珍宝。有"人活一张脸，树活一张皮"的说法，尤其做老板的更爱面子。作为老板，不慎做了错误的决定或说错了什么话，如果下属直接指出或揭露上司的错误，无疑是向他的权威挑战，会让他很没有面子，会损害他的尊严，刺伤他的自尊心，相信哪怕最宽宏大量的老板也无法忍受。

即使老板错了，也要维护他的尊严。要选择合适的时候或场合，采取合适的方式，以免伤害老板，自讨没趣。有些人直言快语，肚里藏不住几句话，发现老板的疏漏就沉不住气。

有一家公司召开年终总结大会，老板讲话时出了个错，将一个数字说错了。

一个下属站起来，冲着台上正讲得眉飞色舞的老板高声纠正道："讲错了！讲错了！那是年初的数字，现在的数字应该是……"结果全场哗然，老板羞得面红耳赤，情绪顿时低落下来，他的面子顿时被一句突如其来的话丢得一扫而光。

事后这名员工因为一点小错误被公司解雇了。

当然，也有人做得很好。

有一家公司新招了一批员工，在老板与大家的见面会上，老板逐一点名。

"刘婧（倩）"。

全场一片寂静，没有人应答。

一个员工站起来，怯生生地说："老板，我叫刘婧（竟），不叫刘婧（倩）。"

人群中发出一阵低低的笑声。

老板的脸色有些不自然。

"报告经理，我是打字员，是我把字打错了。"一个精干的小伙子站了起来,说道。

"太马虎了,下次注意。"老板挥挥手,接着念下去。

没多久,打字员被提升为公关部经理,叫刘婧的那个员工后来因为一些过错被解雇了。

表面看来,这个老板没有什么水平,打字员在拍马屁。实则每个人都有自己的知识欠缺,犯错误难以避免。作为下属,有什么必要当众纠正呢?如果这个叫刘婧的员工当时应答,事后再巧妙地纠正就不会伤害老板的面子。好在那个打字员承认自己错了,才巧妙地让老板从尴尬中走出来。

老板有错时,不要当众纠正。如果错误不明显不关大局,其他人也没发觉,不妨"装聋作哑",等事后再予以弥补。

有一个老板在会上将一组财务数据讲错了,一个做财务工作的下属没有马上纠正,他在做财务报表时,将老板说错的数据纠正了过来,老板看到财务报表时,才知道自己在会上说错了。因此,对这个员工的好感大增。

有时,老板的错误明显,确有纠正的必要,最好寻找一种能使老板意识到而不让其他人觉察的方式纠正,让人感觉到老板自己发现了错误,而不是下属指出的,一个眼神、一个手势甚至一声咳嗽都可能解决问题。

张作霖在一次给日本"友人"题词时由于笔误,把"张作霖手墨"的"墨"字写成了黑，有人说："大帅，缺个土。"正当张作霖一脸窘相时，另一个人却大喝一声："混蛋，你懂什么！这叫'寸土不让'！大帅能轻而易举地将'土'送给别人吗？"一句话即保住了张作霖的面子，后来他成了张作霖的左膀右臂。

身在职场，巧妙处理领导犯的过失，在恰当时机主动帮领导"担过"，会为你的事业起到顺水推舟的效果，不失为明智之举。

法则32：巧用"隐瞒语"调和职场关系

李立在一家商贸公司上班。一天下班后，他和同事郑爽同路。郑爽这些天心里很郁闷，和上司的关系十分紧张。

两人边走边聊，郑爽控制不住自己的情绪，说了上司对他的种种不公平，还把上司的无知、浅薄及一些丑事统统信口说了出来。最后，怒犹未尽，忍不住又大骂了一通。

过了些日子，上司在李立面前也谈起了郑爽，言语之间非常不客气，怒斥郑爽的不顾大局、平庸无能、不思进取、不善开拓等诸多缺点。最后，上司问李立，可曾听见郑爽在他面前说过自己什么坏话。

李立是一个诚实的人，此时，他该怎么办呢？

无疑，李立面临两种选择：一种选择是不把郑爽的话告诉上司，另一种选择是十分诚实地把郑爽的话原原本本地告诉上司。

如果李立选择前者，上司的气会慢慢地消下来。有一天当他冷静下来后，会比较公正、合理地处理好这种关系的。

如果选择后者，上司会更加生气。生气之后他会进一步设想，李立在我面前讲他同事的坏话，肯定也会在其他人面前讲我的坏话。因此，对你也不能信任，至少要留一手。

上面的这件事，使用隐瞒的方法说出来，能使三方面都得到好处；而讲实话，却对每个人都不利。可见，隐瞒语在适当的时候会起到很大的作用。

然而，要说好隐瞒话并不比讲真话容易，首先我们应消除对隐瞒语的偏见和犯罪感。只有做到这一点，我们才能把善意的语言说好。因此，应做到如下三点。

（1）真实性

隐瞒语也是生活中的一种真实，是无法真实时的一种真实。有时候，人们无法表露自己的真实意图，只能选择一种模糊不清的语言来表达真实。当你的同事拿着新方案让你提建议，而你觉得实在太差时，你却不可能直接告诉她："你做得太没有水平了。"这会让同事感到难堪。于是你只能模棱两可地说："你自己再看看。""你自己再看看"是一个什么样的概念，是不太好或是还可以？这就是假话中的真实。这样的隐语与违心的奉承、虚假的谄媚在本质上是有区别的。

（2）必要性

许多情况下，有些隐瞒的话非说不可，有时候则是出于礼仪。例如，当你应邀去参加单位或朋友的庆祝活动前遇到不愉快的事情时，你必须把自己的悲伤和恼怒掩盖起来，带着笑意投入欢乐的场合。这种掩盖是为了礼仪需要。

（3）合理性

这是隐瞒语得以存在的重要前提，许多隐瞒语明显是与事实不符的。但因为它合乎情理，所以运用适当的谎言同样能体现我们的善良和爱心。例如，妻子患了不治之症，作为丈夫应该让妻子知道病情吗？许多人都会认为，不应该把事情的真相告诉妻子，也不应该在她面前流露痛苦的表情增加她的心理压力，应该让妻子在剩下的时光里生活得尽可能快活。当丈夫忍受着即将失去妻子的痛苦而说些假话时，他那与实情不符的安慰反而会带给我们感动，因为在这些隐瞒语里包含了丈夫对妻子的关爱以及对个人悲伤的克制。

说隐瞒语时，如果你能够做到以上三点，那么隐瞒语一样会给你带来无穷魅力。只要你心存善意，把隐瞒语仅作为交际的一种策略，就是一种美丽的语言。这种语言是在善意基础上交际的必要策略，这同丑恶的谎言有着本质的不同。

法则33：不"轻许承诺"给自己留余地

当你承诺一件事情时，在综合考虑自身能力和其他因素后，尚需留有一定余地，使你最终达成的结果不低于你承诺的。也就是说，可以给人一个意外的惊喜，但是不要让人希望越大失望越大。

"宁做过头事，莫说过头话"，这是一句流传久远的经验之谈。做了"过头事"，哪怕让人不高兴，反正已是生米煮成熟饭，结果无法更改，别人在心里难受一阵，事情也就过去了。

说了"过头话"，由于事情未定，别人只能猜测，或期许，或企盼，或担心，或嫉妒……别人用心越多，事情的变数就越大。

在现代企业里，大多数年轻人都喜欢给自己定很高的目标，想让别人肯定自己的能力，这都是可以理解的。但是在向别人许诺之前一定要考虑自己有没有实现的能力，如果没有，那么还是不要轻易许下诺言的好。

一家公司招聘业务经理，一位年轻人来应聘，他说："我干这一行已经有五年时间了，积累了大量的工作经验，并且最擅长做终端业务，如果授予我相应的自主权，那么我敢保证，一年做成100万业务绝不成问题。"总经理庆幸喜得人才，任命他为地区经理。谁知他的业务开展得不够理想，一年仅完成50万业务。总经理大失所望，撤销了他的经理职务。

第二年，又有一位年轻人前来应聘，说："我有两年的工作经验，虽然不算很资深，但是如果给我一次机会的话，那么我愿意竭诚为公司服务。"经理见他踏踏实实也很喜欢，就先让他干了一年。这一年，他干得果然卖力，一年完成了50万业务。总经理对他大加赞赏，并提升他为地区经理。

同样是50万业务，却一个降职一个升职，受到的待遇如此不同。这是期望值不同造成的结果啊！拔高自己的时候要根据实际情况，如果一味地说自己多么能干而到头来没有实现自己曾经夸下的海口，那么结果只会让人把你看低。

年轻人信心十足，有意拔高自己以求得他人尊重，心情可以理解，结果却难以如愿。

一个商人临死前告诫自己的儿子:"你要想在生意上成功,一定要记住两点:守信和聪明。"

"那么什么叫守信呢?"儿子焦急地问。

"如果你与别人签订了一份合同,而签字之后你才发现你将因为这份合同而倾家荡产,即便如此你也得照约履行。"

"那么什么叫聪明呢?"

"不要签订这份合同。"

谨慎对待你的诺言——既然许下诺言,就不能反悔——你不能言而无信。不要轻易向人承诺——绝不轻易向人许诺你可能办不到的事——这是不失信于人的最好方法。

将守信理解为一种品德,较难坚持。将它理解为一种回报率很高的长期投资,则比较容易变成一种自觉的行动。当你获得了一个守信用的形象时,会获得越来越多人的信任,因而带来越来越多的机会。这就好似拥有了一块金字招牌。反之,缺此一条,别的方面再优秀,也难成大器。

要获得守信的形象并不容易。最要紧的一条是:别答应你无法兑现的事。古人云,轻诺必寡信。这不仅是一个主观上愿不愿意守信的问题,也是一个有无能力兑现的问题。一个人经常答应自己无力完成的事,当然会使别人一次又一次失望。

有一个年轻人在银行工作。他曾经的一位老师想开家公司,却缺少资金,便去问他能不能帮忙贷款。他想:"这是老师第一次找自己帮忙,怎么能拒绝呢?"当即一口答应。可是,他毕竟刚参加工作不久,还没取得说话的资历,老师的贷款请求又不完全合乎规章。所以,当老师租好门面,请好员工,等着资金开业时,他这里却拿不出钱来,搞得自己很被动。老师大怒,责备他说:"你这不是捉弄我吗?你即使不想帮我,也不该害我!"他能说什么呢?只好苦笑而已。

有些人是不好意思拒绝别人而向他人承诺,而有些人则喜欢胡乱吹嘘自己的能力,随随便便向别人夸下海口,承诺自己根本办不到的事情。结果不但事情没有办成,自己的人缘也搞臭了。

我们一般崇尚"一言九鼎""落地砸坑""张嘴就能见到肠子"的直爽性格,而不喜欢转弯抹角的绕弯,更讨厌貌似有口无心、直言快语,实则机关算尽、言而无信的滑头。

谈话中的每一个观点都是对一个人品质的检阅,每一项承诺都是对其人格的担保,言而有信才能取悦于人。可见,说话算数,也是展现人格魅力不可或缺的要素之一。

法则34:以"请教"的方式给上司提建议

向别人请教,有利于找出你们的共同点,这种共同点,既包括在意见上的一致性,又包括你们在心理上相互接受的程度。

你可能有过这样的体会:当你还是个高中生的时候,你会遇到初中的小弟弟、小妹妹向你请教各种问题,充满敬仰地要求你谈谈自己的学习方法。这时,无论你多么不高兴或多么忙,都会带着一丝骄傲,认真地解答他们每一个幼稚的问题,并从他们的目光中得到某种心理满足。静下心来仔细分析这样的经历,就可以发现,成就感是多么早又是多么牢固地根植于我们的心灵深处。别人向我们求教,这就表明自己在某些方面是具有优越性的,如果说我们受到了崇拜,这大概有点儿过分,但至少说明我们受到了重视,具备了一定的影响力。在被别人请教时,我们心中涌起的愉悦感和自豪感往往并不能为我们自己所清醒地意识到,但它却主宰着我们的情感,甚至是我们的理智。每一个健康的、心智正常的人都会对这种感受乐此不疲,即使是领导也不例外。

在工作上,请教的姿态不仅仅是形式上的,更有内容上的意义。这样你可以亲自聆听上司在这方面的想法。这种想法在很多时候是他真实意志的浮现,而他却并未在公开场合予以说明,而且很有可能是下属在考虑问题时所忽略了的重要方面。这样,在未提出自己的意见之前,首先请教一下上司的想法,可以使你做到进退自如。一旦发现自己的想法还欠深入,考虑得不是很周到,你还有机会回去再把自己的建议完善一下。如果你的建议是源于未能领会上司的意图,那么,它不仅毫无意义、分文不值,而且还暴露了你自己的弱点,这对你绝非幸事。

许多研究者都发现,"认同"是人们之间相互理解的有效方法,也是说服他人的有效手段。如果你试图改变某人的个人爱好或想法,你越是使自己等同于他,你就越具有说服力。因此,一个优秀的推销员总是使自己的声调、音量、节奏与顾客相称。正如心理学家哈斯所说的那样:"一个造酒厂的老板可以告诉你一种啤酒为什么比另一种要好,但你的朋友,无论是知识渊博的，还是学识疏浅的，都可能对你选择哪一种啤酒具有更大的影响。"而影响力是掌控人心的前提。

有经验的攻心者，他们常常事先要了解一些对方的情况，并善于利用这些已知情况，作为"根据地""立足点"，然后，在与对方接触中，首先求同，随着共同的东西增多，双方也就越熟悉，越能感受到心理上的亲近，从而消除疑虑和戒心，使对方更容易相信和接受你的观点和建议。

下属在提出建议之前，先请教一下上司，就是要寻找谈话的共同点，建立彼此相容的心理基础。如果你提的是补充性建议，首先就要从明确肯定上司的大框架开始，提出你的修正意见，做一些枝节性或局部性的改动和补充，以使上司的方案或观点更为完善，更有说服力，更能有效地执行。

如果提出的是反对性意见，到哪里去找共同点呢？其实，共同点是不仅仅局限于方案本身的，还在于培养双方共同的心理感受，使对方愿意接受你。可以说，越是你准备提反对性意见，你就越可能招致敌意，越需要寻找共同点来减轻这种敌意，获得对方的心理认同。此时，虽然你可能不赞成上司的观点，但你一定要表示尊重上司的观点，表明你对它的理性思考。你应设身处地地从上司的立场出发来考虑问题，并以充分的事实材料和严谨的理论分析作为依据，在请教中谈出自己的看法，在聆听中对其加以剖析，在这种情况下，上司是很容易被说服，采纳你的意见和建议的。

只要你有理有据，上司一定会心悦诚服地放弃自己的立场，仔细倾听你的建议和看法。

法则35：以"不争论"的方式说服同事

身在职场，遇到某个问题与同事意见相左的情况经常发生。有时，难免要剑拔弩张争论一番，甚至会引发争执，造成同事间关系的紧张。其实，修养高深的人，绝不会与人计较一事之短长。

罗斯福总统对于他的反对者总是会和颜悦色地说："亲爱的朋友，妙哉妙哉，你到这里来和我争执这个问题，真是一个妙人！但在这一点上，我们两个的见解自然不同，让我们来讲些别的话题吧！"于是他会使出一种诱惑的手段，使对方放弃自己的意见而去接受他的观点。

这确是一个好方法。无论那些成功的人采用什么方式去驾驭别人，我们可以注意到的是，他们的第一步是"避免争论"，他们的策略是以"迎合别人的意志"及"免除反对意见"来打动人。

当你在工作中碰到任何一种反对意见时，你应当先为自己打算："关于这一点，我能不能在无关大局的范围中让步呢？"为使人家顺从你的意见，可尽量表示"小的让步"，有时，为了避免这种反对，甚至还可以将你的主见暂时收回一下。如果你碰到了对于你的主要意见十分反对的人，那么最聪明的方法还是把这问题延缓下去，不必力求解决，如此，一方面使对方得到重新考虑的机会，另一方面使你自己也有重新决策的机会。

在会议室里，你可以因为不满意一个方案而反复与人争辩，甚至争得面红耳赤、拍桌顿足，因为你把你的意见陈述了以后，还有别的同事可以考虑你的意见。这关系大众的权益，值得你用全部精力去争取。可是在私人谈话中，你就千万不可如此了。例如，你昨天和一个朋友争辩了一个下午，你说写一首现代诗应该要押韵，读出来才有音乐的节奏，而你的朋友则反对这个理论。他说和谐的节拍就是诗中的韵律，刻板地押韵则会损害诗的本质。你们争辩了半天，除了彼此的闷闷不乐，还有什么更好的结果呢？争辩是浪费时间。你们各自去写自己喜欢写的诗好了，诗并无一定的形式，各人有各人的见解。

没有几件事情是值得我们拿友谊的代价去争辩取胜的。如果你偏偏这样做，等于你的精力和时间都一文不值，更不要说感情损害方面了。

除了彼此都能虚心、不存半点成见，在某一个问题上专诚讨论之外，一切的争辩都应该避免，即使这是一个学理的争辩。你可以为学术问题而争辩，足以表示你治学的精神。例如哲学，有些理论争了两千多年，至今还没有定论，心理学的争辩也至少有几百年，现在仍然不分高下，甚至自然科学，对"生物发生说"的争论至今无人敢肯定说哪一派正确。你可以著书立说发挥你的主张，但不值得在谈话中争辩。

你好和人争辩，是否以为你用议论压倒了对方，就会给你很大的利益呢？你定会明白：你必不能压倒对方。其次，即使对方表面屈服了，心里也必悻悻然。你一点好处都得不到，而害处却多了。第一，使你损害了别人的自尊心，因而别人对你产生反感；第二，使你容易犯专去挑剔别人错漏的恶习；第三，使你积久养成骄傲的习性；第四，你将因此失掉一切朋友。

如果你能常常尊重别人的意见，你的意见也必被人尊重，如此，你所主张的就会得到别人的拥护，不必把精力花在无益的争辩上。

你可以实现你的主张，你可以左右别人的计划，但不是用争辩的方法来获取。如果你想借某一问题增加你的学识，你就应该虚心求教，切不可借助"争辩"来达到目的。

法则36：分享"功劳"让大家都有成就感

当你和大家一起做出成就时，千万别独享荣耀，要懂得与别人分享。独享荣耀容易激起他人不满并心生恨意。

当大家都为一个目标在努力奋斗，不料让你抢先得到了这个惹人眼红的功劳，于是相比之下的其他人就明显比你矮了很多，你的存在也不时地给他人造成了威胁，尽管你并未做任何伤害他人的事，但又有谁还愿意与一个让自己没有安全感的人在一起共事呢？自然而然地独自享有荣耀，还心安理得地把高帽子往自己头上戴的人终究是会成为孤家寡人的，更何谈与人合作？

有位编辑很有才气，他编辑的杂志很受欢迎。有一年他得到了大奖，一开始他还很快乐，但过了个把月，却渐渐失去了笑容。他说，社里的同事，包括他的上司，都在有意无意间和他作对。

这是为什么呢？原因是他犯了"独享荣耀"的错误。事情是这样的：

他得了大奖，老板还另外给了他一个红包，并且当众表扬他的工作成绩。但是他没有现场感谢上司和属下们的协助,更没有把奖金拿出一部分请客,所以大家表面上虽然不说什么,心里却感到不舒服,和他产生了隔阂,所以就和他作对了。

就事论事,这份杂志之所以能得奖,这位编辑贡献最大,但是当有"好处"时,别人并不会认为哪一个人才是唯一的功臣,总是认为自己"没有功劳也有苦劳"。所以他"独享荣耀",就会引起别人的不舒服。尤其是他的上司,更因此而产生了不安全感,害怕失去权力,为了巩固自己的领导地位,这位编辑自然就没有好日子过了。由于上司的白眼、同事间关系的冷漠,两个月后这位编辑就因为待不下去而辞职了。

这位编辑造成最后这种局面的根源还是在于他自己。谁让他忽略了别人的感受呢?其实每个人都认为别人的成功总有自己的一份功劳和苦劳,而他却傻乎乎地独自抱着荣耀不放,别人当然不会为他如此自私的做法而感到舒服了。

把功劳和荣耀送给别人是一个聪明的做法,独自贪功是自私和愚蠢的,它会给你带来人际关系上的危机。

为了让这份荣耀为你带来益处,你需要做好这样几件事。

(1)感谢

感谢同仁的鼓励、帮助和协作。不要认为这都是自己的功劳,尤其要感谢上司,感谢他的提拔、指导和授权。如果实际情况果真如此,那么你的感谢就是应该的;如果同仁的协助有限,上司也不值得恭维,你也有必要感谢他们,这样做虽然勉强一些,但却可以使你避免成为靶子。

（2）分享

口头上的感谢也是一种分享，这种"分享"可以无穷地扩大范围。另外一种是实质的分享，别人倒也不是要分你一杯羹，但是你主动地分享却让旁人有受尊重的感觉。如果你的荣耀事实上是众人鼎力协助完成的，那么你更不应该忘记这一点。实质的分享有很多种方式，小的荣耀请吃糖，大的荣耀请吃饭，分享了你的荣耀，就不会有人和你作对了。

（3）谦卑

人往往一有了荣耀就容易"忘了我是谁"，自我膨胀，这种心情是可以理解的，但旁人就遭殃了，他们要忍受你的嚣张气焰，却又不敢出声，因为你正在风头上。可是慢慢地，他们会在工作上有意无意地抵制你，不与你合作，让你碰钉子。因此，有了荣耀，更要谦卑。要不卑不亢不容易，但"卑"绝对胜过"亢"，别人看到你的谦卑，会说"他还蛮客气的嘛"，当然就不会找你麻烦，和你作对了。

谦卑的要领有很多，但做到两点就差不多可以了：对人要更客气，荣耀越高，头要越低；别再提你的荣耀，再提就变成吹嘘了。事实上，你的荣耀大家早已知道，何必再提呢？

如果你能将功劳与大家分享，你收获的不仅是快乐，更是职场上的顺风顺水。

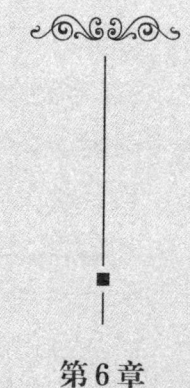

第 6 章

不买也想买

——让客户主动掏腰包的销售心理学

作为一名销售员,客户是最重要的资本。只有当你真正把客户当成了朋友,你才会拥有这一资本。因为,这样的朋友会给你的生意带来滚滚财源,以及其他诸多你想象不到的好处。如何迅速挑起客户的兴趣、赢得客户的认可,让客户心甘情愿地购买你的产品?这就需要你灵活运用销售心理学。

法则37：先做"知心人"后赢得顾客心

一年冬天，一位长者来吉利展厅看车，不巧原来与他联系的那位同事在休假，于是李颖热情地接待了他，带他取钱，帮忙提车、加油。就这样，李颖结识了这位长者，之后他每次来展厅都很关心他们，还有他们公司的销售情况，有时还会与李颖拉拉家常："你家有几个姐妹啊？他们都做什么工作？"他还把自己的收藏品拿给他们看，这年6月车展的时候他还特地从关外赶来与他们一起拍照留念，并约定时间一块爬山。

感受到这位长者的关爱和祝福，李颖心里觉得特别温暖。这种温暖和快乐其实同事们也常遇到。当自己走在路上，突然有个熟悉的车停下来问你要去哪里，要不要送一程。简单的一个招呼、一个微笑，心底里油然而生的是一种温馨和喜悦。即使客户没有看见你，吉利车从身边飞驰而过，你心里也会觉得惬意和快乐。吉利汽车与李颖的生活已是紧密相连。

2月，李颖所在的公司举办了"赠人玫瑰，手有余香"的爱心传递活动。其实，人生的付出与收获亦等同此理，物质丰厚是幸福，但仅此而已是不够的，幸福的关键是活得有价值，在我们享受关爱的同时，也要给身边的其他人"力所能及"的关爱，帮助别人是快乐的，经常帮助别人的人就能经常体验这种快乐，而太多的快乐编织在一起，就形成了幸福。只有这样，我们才能在"知恩、感恩、给予"的循环中不断地感受快乐、收获幸福。也只有和顾客先做朋友，才能得到顾客的信任，从而有利于自己以后工作的开展。

一个成功的生意人，不仅需要过人的智慧、高人一等的生意手腕、精明的用人方法，更需要超人的魄力、超强的人脉网络以及长远的目光和进取的心态。想达成交易，不妨和顾客先成为朋友。

某电气公司的约瑟夫·韦伯在宾夕法尼亚州一个富饶的荷兰移民地区作一次考察。

"为什么这些人不使用电器呢？"经过一家管理良好的农庄时，他问该区的代表。

"他们一毛不拔，你无法卖给他们任何东西。"那位代表回答，"此外，他们对公司火气很大。我试过了，一点希望也没有。"

也许真是一点希望也没有，但韦伯决定无论如何也要尝试一下，因此他敲敲那家农舍的门。门打开了一条小缝，屈根堡太太探出头来。

"一看到那位公司的代表，"韦伯先生开始叙述事情的经过："她立即就当着我们的面，把门'砰'地一声关起来。我又敲门，她又打开来，而这次，她把对公司的不满一股脑儿地说出来。"

"屈根堡太太。"韦伯说,"很抱歉打扰了您,但我们来不是向您推销电器的,我只是要买一些鸡蛋罢了。"

屈根堡把门又开大了一点,怀疑地瞧着他们。

"我注意到您那些可爱的多明尼克鸡,我想买一打鲜鸡蛋。"

门又开大了一点。"你怎么知道我的鸡是多明尼克种?"她好奇地问。

"我自己也养鸡,而我必须承认,我从来没见过这么棒的多明尼克鸡。"

"那你为什么不吃自己的鸡蛋呢?"她有点怀疑。

"因为我的鸡下的是白壳蛋。当然,您知道,做蛋糕的时候,白壳蛋是比不上红壳蛋的,而我妻子以她做的蛋糕自豪。"

到这时候,屈根堡太太放心地走出来,态度温和多了。同时,韦伯的眼睛四处打量,发现这农舍有一间修得很好看的奶牛棚。

"屈根堡太太,我敢打赌,您养鸡所赚的钱,事实上,比您丈夫养乳牛所赚的钱要多。"

这下,她可高兴了!她兴奋地告诉韦伯,她真的是比她的丈夫赚钱多。但她无法使她那位顽固的丈夫承认这一点。

她邀请他们参观她的鸡棚。参观时,韦伯注意到她装了一些各式各样的小机械,于是韦伯"诚于嘉许,惠于称赞",介绍了一些饲料和掌握某种温度的方法,并向她请教了几件事。片刻间,他们就高兴地在交流一些经验了。

不一会儿,她告诉韦伯,附近一些邻居在鸡棚里装设了电器,据说效果极好。她征求韦伯的意见,想知道是否真的值得那么干……

两个星期之后,屈根堡太太的那些多明尼克鸡就在电灯的照耀下孵出蛋了。韦伯推销了电气设备,她得到了更多的鸡蛋,皆大欢喜。

做朋友和引导顾客消费两不误,我们何乐而不为呢?

法则38:以"好奇心"挑起顾客的兴趣

好奇心是所有人类行为动机中最有力的一种,在实际推销中,可以用话先引起客户的好奇心,引起对方的兴趣,然后从中说出推销商品的好处。这就是我们所说的注意力经济。

人人都有好奇心,会攻心的商人在经营中善于利用人类的好奇心,设法引起众人的注意和兴趣,以此来促进交易。美国人卡塞尔就是这方面的高手,他是一位善于洞悉别人心理的大赢家,他把这些都用在了做生意上。

卡塞尔在闹市地段租了一块地皮,造了一间小木屋作为酒坊。小木屋四周均留有小圆孔,并挂上一块醒目的牌子,赫然写着"禁止观看"四个大字。来往路人禁不住好奇心的驱使,都簇拥着通过小圆孔往里面偷看。

这恰恰中了卡塞尔的圈套,进了屋内,看到另一块牌子上写着"美酒飘香,请君品尝"八个字,这时小孔下面正放着的一坛美酒香气扑鼻。窥视者感到真是挡不住的诱惑,于是忍不住争相解囊购买。

人们对你卖的东西产生好奇,也就意味着你拥有了一半的成交机会。商人如能巧妙地利用人们的好奇心,是很容易达到促销目的的。

某地一家专营黏合剂的商店,为了让一种新型"强力万能胶水"广为人知,店主便用胶水把一枚硬币粘在墙壁上,并宣称:"谁能把硬币掰下来,硬币就归谁所有,并且另有奖励。"一时,该店门庭若市,众人纷纷前来挑战。然而,许多人费了九牛二虎之力,仍然徒劳无功。有一位自诩"力拔千钧"的"大力士"专程赶来,结果也空手而归。于是,该商店出售的强力万能胶水的良好性能声名远播。

意大利有一家商店,经营的商品全是七岁左右的儿童吃、穿、看、玩的用品。商店规定:非七岁儿童不能进店,大人进店必须有七岁儿童作伴,否则谢绝入内,即使是当地官员也不例外。于是,一些带着七岁儿童的家长觉得有趣,想进去一探究竟,而一些带着其他年龄孩子的家长也谎称孩子有七岁,挤进店来选购商品。后来,这家商店老板又开设了新婚青年商店、老年人商店、孕妇商店等,都起到了以"奇"促销的作用。

人们对于越是被禁止的事情,越是会有一种非探个究竟不可的心态，这就是人的"好奇心"。在营销活动中，利用人们的好奇心理，采取以"奇"致胜的独特方式，是赢得消费者的一种营销招术。当然，运用引发好奇的谋略，前提条件是商品质量过硬。否则，仅辅以奇特的招术，就想让劣质商品畅销起来，那是根本不可能的。

法则39：以"短缺假象"吸引消费者

　　制造短缺假象就是告诉顾客：所剩商品不多，欲购从速。这一促使顾客做出购买决定的方法，其实是指销售人员提请顾客立即采取购买行动，以抓住即将消失的利益或机会。

　　当客户对产品作充分了解以后，但对购买仍犹豫不决，顾客或许在考虑一些非决定性因素，如考虑购买时间是否妥当，是否还要参考其他人的意见，等等。此时，我们可以采用制造短缺法促使顾客下定决心，此法比较适合感性的客户。

　　比如说："该款服装的这种尺寸我们已经不多了，我估计这款服装不会等您到星期六。""这是最后10件，要买趁早。"再如，"我们这种机型的空调只剩下3台了，我们最后的优惠时间只有两个星期了……"运用机会型促成成交这一方法时，还可以从付款条件、广告承诺、季节包装、现金折扣等方面入手。

　　许多准顾客即使有意购买，也不喜欢迅速签下订单，他总要东挑西拣，在产品颜色、规格、式样、交货日期上不停地打转。这时，聪明的推销员就要改变策略，暂时不谈订单的问题，转而热情地帮对方挑选颜色、规格、式样、交货日期等，一旦上述问题解决，你的订单也就落实了。

利用"怕买不到"的心理，人们常对越是得不到、买不到的东西，越想得到它、买到它。推销员可利用这种"怕买不到"的心理，来促成订单。比如说，推销员可对准顾客说："这种产品只剩最后一个了，短期内不再进货，你不买就没有了。"或说："今天是优惠价的截止日，请把握良机，明天你就买不到这种折扣价了。"告知客户"存货不多，欲购从速""赠品的限时限量"等。

在这种促成交易的方法中有一项特别的方式，即"特殊诱导式促成成交"。运用这一特别方式时，销售人员以特定的一次性利益诱导顾客做出购买决定。例如，经营空调的电器零售店里的销售人员对顾客说："如果您今天购买，我们将提供免费安装，还提供终身维护。"

下面我们来看看ZARA品牌是怎样成功的：

"品种少，批量大"是传统制造业的天条，而在长尾市场中，"款多量小"却成为当红的商业模式。ZARA以其"多款式、小批量"，创造了长尾市场的新样板。

ZARA值得大多数传统企业借鉴的是，它有意识地在自己的产品中"制造短缺"。虽然一年中它大约推出12 000款时装，但每一款的量并不大。即使是畅销款式，ZARA也只供应有限的数量，常常在一家专卖店中一个款式只有2件，卖完了也不补货。总裁Isla说："我们不想所有人都穿同样的衣服。"随着每周2次补充新货物，公司使顾客养成经常来逛的习惯。

如同邮票的限量发行提升了集邮品的价值，ZARA通过这种方式，满足了大量个性化的需求，培养了一大批忠实的追随者。凭借"多款式、小批量"，ZARA实现了服装企业商业模式的突破。

款式更新快增加了新鲜感，吸引消费者不断重复光顾。快速更新店面里的货品，也确保了它们能符合顾客的品位，从而能被globrand.com销售出去。在ZARA你总是能够找到新品，并且是限量供应的。这些商品大多数会被放在特殊的货架上面。这种暂时断货策略在很多人眼中太大胆了！但是想想所有限量供应商品在市场上受到的追捧吧，人们需要的不是产品而是"与众不同""独一无二"。而ZARA的暂时断货正满足了人们的这种心理，ZARA也因为这种颠覆性的做法慢慢变成了"独一无二"的品牌。

ZARA成功地运用了稀缺性策略。所谓稀缺性策略，就是指向潜在客户表明销售人员所在公司的产品或服务的稀缺性，以此暗示潜在客户，如果不尽早做出购买决策，就可能"过了这个村，就没有这个店"了。

使用稀缺性策略，需要销售人员对自身公司的产品或服务有一个客观的认识，且在与潜在客户的沟通中注意语气、气氛，避免给潜在客户一种被要挟的感觉。

法则40：用"比较法"让顾客作决定

顾客购买产品一般都会采取货比三家的方式。这个时候销售人员就要用自己产品的优势与同行的产品相比较,突出自己产品在设计、性能、声誉、服务等方面的优势,也就是用转移法化解顾客的价格异议。

常言道,"不怕不识货,就怕货比货"。由于价格在"明处",顾客一目了然,而优势在"暗处",不易被顾客识别,而不同生产厂家在同类产品价格上的差异往往与其某种"优势"有关,因此,直销员要把顾客的视线转移到产品的"优势"上。这就需要直销员不仅要熟悉自己销售的产品,也要对市面上竞争对手的产品有所了解,做到心中有数,知己知彼、百战不殆。

另外,直销员在运用比较法的时候,要站在公正、客观的立场上,一定不能恶意诋毁竞争对手。通过贬低对方来抬高自己的方式只会让顾客产生反感,结果也会令直销员失去更多的销售机会。

销售员小张接待一个会议客户赵总,在交涉价格时,客户觉得费用过高,尤其是销售员所提供酒店的住宿和餐费的报价感觉偏高,希望调整酒店或旅行社让利。这时,销售员小张告诉客户:"前不久我同事也接了个会议客户,还是个刚刚成立的新公司,规模并不大,但第一次搞客户联谊会就把消费标准定得很高。那家公司刘总让我同事给安排了最好的会议酒店,并且包了酒店里最华丽的宴会厅来招待他们公司的客户,整场会预算就十几万。当时我同事都觉得花这么多钱搞公司的客户联谊会可能没什么必要,还建议刘总是不是选择一下价位低一点的酒店,没想到刘总坚决地拒绝了。结果联谊会结束后,不但刘总满意,他请的客户更满意,后来我同事听刘总讲,这次联谊会上,因为来了好多重量级的大客户，而且客户通过联谊会觉得刘总他们公司很有实力，在联谊会当晚就谈成了几笔上百万的大生意，乐得刘总都合不拢嘴，一下子把半年的任务都完成了。赵总，其实我觉得您这次请的客户要真是像您说的都是大客户的话，我觉得多花点钱，给客户更好的享受，也会给公司树立更好的形象，还是挺有必要的。您说呢，赵总？"

小张非常聪明地针对顾客觉得价格高的问题进行了比较，促使顾客下决心。在谈到价格方面，比较法是一种很有效的方法。另外还有一些关于谈论价格的技巧：

曾经有这样一个案例，说的是一个销售人员向顾客推荐牙膏，顾客本能地问他多少钱，销售人员心直口快，同时也缺乏经验，他告诉对方牙膏30元一支，顾客立刻觉得"太贵了"，后来不管那个销售人员再怎么解释，都无济于事。

所以，在销售人员向顾客介绍产品的时候，要避免过早提出或讨论价格，应该等顾客对产品的价值有了起码的认识后，再与其讨论价格。

顾客对产品的购买欲望越强烈，他对价格问题考虑的就越少。让顾客认同产品价值最有效的方法就是做产品示范，俗话说，耳听为虚，眼见为实。任你再怎么滔滔不绝地讲解都比不上让顾客真真切切地看一遍产品展示来得实在。

顾客对于产品价格的反应很大程度上来源于自己的购物经验。个人经验往往来源于自身的接受程度所形成的对某种产品、某个价位的知觉与判断。顾客多次购买了某种价格高的商品回去使用后发现很好，就会不断强化"价高质高"的判断和认识。反之,当顾客多次购买价格低的商品发现不如意后,同样也会增加"便宜没好货"的感知。

值得强调的是,在一对一个性化的销售过程中,销售人员完全有时间了解到顾客的购物经验,从而对顾客能够接受的价位进行准确的判断。

法则41:用"耐心"激起顾客的购买欲望

只有去发现客户的需求,耐心帮其解答疑惑,给客户最好的产品和最真诚的服务,最终愉快地完成交易,才是我们要做的。

对待客户要有耐心,切勿急躁。面对客户翻来覆去的比较不耐烦,对其五花八门的问题含糊应对,只是一味地追求快点一锤定音等,这些都是错误的做法。这些做法只会招致客户的反感,认为我们只是为了赚他的钱,而不是为他提供其真正需要的产品和服务。所以面对这些情况,我们要坚信帮助客户也是帮助自己。

挑剔型的顾客对于促销员介绍的产品会有"这个也不是,那个不是"的感觉,不相信产品会有产品说明所说的那种效果。尽管你介绍的都是真实情况,他也认为你是在说谎骗人,往往对你介绍的产品抱不信任的态度。

对待这类顾客不要加以反驳,不能反感,更不能带"气",要耐心地去听他讲。同时要求促销员要对产品的完整知识有足够的了解,对产品的部分缺点也要深入掌握,以应付顾客的提问。

下面所举例子中的两个服务人员都是比较称职的：

11点30分，海洋动物表演结束了！此时正是午饭时间，陆陆续续从表演场走出的游客顿时将"极地加油站"围得水泄不通，买烤肠、买烤鱼片的人络绎不绝。突然，人群中传来一位游客不满的抱怨声。原来，由于点餐的人太多，经营部员工苏连连没有及时和一位站在跟前的顾客打招呼，引起了这位顾客的不满。所以在点餐的时候就很挑剔，一会儿嫌烤肠烤的颜色不好，一会儿嫌饮料里的冰加的不够，一会儿又嫌速度太慢了。对于顾客的种种为难，苏连连都微笑应答，但顾客依然没有消除不满，甚至要求把食品送到他的座位处，虽然此时正是最忙的时候，但苏连连没有拒绝。

正要送食品时，苏连连发现收银机旁边有一个黑色的包，这个包正是刚才那位挑剔的顾客的。苏连连想都没想就立刻把包还了回去，当那位顾客看到她拿着包面带微笑地走来时，终于也笑了，他很不好意思地说："太谢谢了。"短短的几个字，我们能够看出顾客心里的温暖，苏连连用自己优异的服务赢得了顾客的满意。

工作中我们会遇到各种各样的顾客，不管遇到怎样挑剔的顾客，都要用真诚的微笑和真诚的心来对待，让微笑成为一个友好的信号。其实，很多时候，矛盾、意见都归结于消费者的不了解，要多解释，多沟通，多一点耐心。

王静曾是沈阳中天电子工程有限公司赛博笔记本电脑专卖

店的一名普通店面销售人员,现在已经是这家专卖店的店长了。凭着两年的店面销售经验,多数情况下她可以把难缠的顾客"摆平",但她表示,自己也并非"全能"。

"大部分顾客的素质还是挺高的,不过,也难免有少数难缠的,几个月前我就遇到过一个。"王静说,"有位顾客买了一台笔记本电脑,没几天就回来要求换,原因是笔记本电脑屏幕上有一个亮点,我二话没说就给她换了一台。可是没几天她又来了,说还是有亮点,这次我依然给她换了。就这样一来二去,换了好几次,最后换到我们库里没有那种型号的笔记本电脑了。我对那位顾客说等来货再给她换,可她却说我是找借口不想给她换,又是要找领导,又是要找消协。其实按照相关标准,笔记本电脑屏幕有一个亮点是允许的,但在当时,我意识到无论说什么这位顾客都不会信,再解释下去,很有可能使矛盾激化,所以我采取了沉默的办法,请这位顾客打消协的电话。通过沟通,顾客了解了真实情况,以后就没有再来换笔记本电脑。"

少数顾客的不可捉摸和挑剔总是让销售人员费尽脑筋。对待顾客的不合理要求,许多销售人员感到手足无措:接受不合理要求,公司就要蒙受损失;不接受要求,顾客认为服务得不好,还可能因此失去顾客,对公司同样不利。

王静认为,对于这种情况,要有耐心,"心理学家认为,顾客的投诉多数属于发泄性质,只要得到店方的同情和理解,消除了怨气,心理平衡后事情就容易解决。"

销售的目的是赢利,不仅是金钱的赢利,也是信誉的赢利。面对形形色色的顾客群,销售人员要想将产品卖出去,就要先了

解顾客,懂得顾客的消费心理,赢得消费者的信任。

法则 42:以解决"投诉"促成再次销售

有句老话:买卖不成仁义在。商人一般都比较圆滑,这也是他们多年积累的经验所得。

有一个生产系列美容品的工厂,有一天,张厂长接待了一位前来投诉的不速之客李先生。

李先生怒气冲冲地对张厂长说:"你们的美容霜,干脆叫毁容霜算了!我18岁的女儿用了你们厂的'美达青春霜'后,面容受到了很大的破坏,现在连门都不敢出,我要你们负责!我要你们赔偿我们的损失!"

张厂长听完,稍加思索,心里明白了几分,但他仍诚恳地道歉:"是吗?竟然发生这样的事,实在对不起您,对不起您府上的千金。现在当务之急是马上送李小姐去医院,其他的事我们回头再说。"

李先生本来是想骂一顿出出窝囊气,万万没想到厂长不但认错,而且真的挺负责。想到这里,李先生既高兴又感激。于是,张厂长亲自陪同他们父女俩去医院皮肤科检查。

检查的结果是,李小姐皮肤有一种遗传性的过敏症,并非由于护肤霜有毒所致。医生开了处方,说过两三天会痊愈的,不会有任何后遗症。

这时，父女俩的心才放下来。只听张厂长又说："虽然我们的护肤霜并没有任何有毒成分，但李小姐的不幸，我们是有责任的。因为虽然我们产品的说明书上写着'有皮肤过敏症的人不适合用本产品'，但李小姐来购买的时候，售货员肯定忘记问她是否皮肤过敏，也没向顾客叮嘱一句注意事项，致使李小姐误用这种产品。"

李小姐听到此话，拿过美容霜仔细一看。果然，包装盒上有明确说明哪几种人不能用，只怪自己没详细问清或看清就买来用了，心中不禁有些懊丧。

张厂长见此情景便安慰她："李小姐，请放心，我们曾请皮肤科专家认真研究过关于患有过敏症的顾客的护肤品问题，并且还开发了好几种新产品，效果都很好。等过两天您痊愈之后，我派人给您送两瓶试用一下，保证不再会出现过敏反应，也算我们对今天这次误会的补偿。李先生、李小姐，你们看如何？"

事情的结果是，李小姐不但不再无理取闹，还购买了适合自己的化妆品。

这件事本身，厂方没有任何责任，而完全是由于顾客粗心所致。但是，厂长并不这么看，顾客粗心固然是事实，但如果我们在销售过程中再细心一点，不就可以避免这样的事情发生吗？另外，一开始张厂长心里已明白几分，可能是李小姐皮肤过敏所致，但是这要有确凿的医学证明，顾客才能消除误会。为了对顾客负责，弄清症结所在，张厂长当听到李先生投诉时便当机立断,陪李家父女去医院检查,取得有力的证据,进而赢得他们的好感。

当听完顾客的投诉后,如果责任确在自己,应毫不犹豫地向顾客表示歉意,并提出补救办法。但如果是由于顾客的责任而发生的误会,又该如何处置呢?

首先,仍要耐心听取顾客投诉,弄清责任不在自己,而是顾客弄错产生误会,要婉转解释,但绝对不要正面批评顾客。

当顾客郑重其事向我们投诉时,即使是他产生了某种误会,我们也不能这样对他说:"不,先生,那是您误会了,绝不会有这种事。"或者,"先生,您有没有搞错啊!我们公司怎么能让这样的产品出厂?"这样的话,只会加深误会与不满,扩大顾客的愤怒情绪,甚至引发顾客的对抗心理。所以说,作为推销厂家,对因误会而投诉的顾客采取"有理更让人"的推销术是很具有普遍意义的。

"理"来自何处呢?让"理"的尺度是什么呢?理来自于知道自己对事情的判断是正确的,来自于听取对方的倾诉是认真的。打个比方,你是一个商人,接到顾客的投诉时,该怎么办呢?首先必须站在顾客的立场上,冷静且耐心地倾听,一直等对方把要说的话说完。有一个训练有素的推销员戴维曾经说过:"处理顾客投诉,推销员要用80%的时间来听话,用20%的时间去说话。"

任何一个顾客来投诉,无论开始脾气有多大,只要我们耐心地听,鼓励他把心里的不满发泄出来,那么,他的脾气就会越来越小,像个被扎了一个洞的皮球那样,慢慢地"放气"了。只有顾客恢复了理智，你才能正确地着手处理面前的问题。而且因情绪激动而失礼的顾客冷静下来以后，必然有些后悔，这比我们迎头批评他们要有效得多。

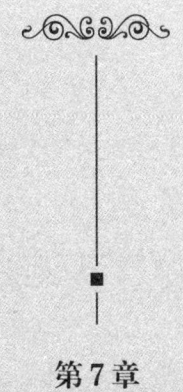

第 7 章

如何俘虏 Ta 的心

——让异性钟情于你的爱情心理学

有位聪明可爱的女士在和一位男士约会时，在男士请客购买电影票后主动买了美味的冷饮请男士品尝。这一举动赢得了男士的心。冷饮虽小，但透过一丝惬意的清凉感觉，男士感受到的是女孩聪明、体贴及善解人意的一面。这样的女孩谁不爱呢？

　　想要赢得想要的爱情，也需要玩些小"伎俩"，这样才能轻松"俘虏"对方的心。

法则43：通过"赞美"赢得芳心

人人都爱听好话，尤其是女人。有时候，明明知道男人说的可能是哄自己开心的假话，但心里还是美美的。这就是男女不同心理特征的体现。

每位女性都希望受到别人的称赞，希望自己被认可，尤其是希望得到男性的认可。虽然处在极小的天地里，仍然认为自己是小天地里的重要人物。她可能对肉麻的奉承、巴结会感到恶心，然而却渴望对方发自内心的赞扬。鉴于此，我们不妨遵守"黄金原则"：希望朋友对我们如何，我们就对他们如何。——发自内心地称赞她。

有人说："对美女和丑女要赞美她们性格上的优点，而对不美不丑的女人就要赞美她们的容貌。"事实上，当你赞美漂亮女性时，对方一定认为这是理所当然的，也就不会感谢你。当你对长得很丑的女性说"你很漂亮"时，对方也许会认为你有意跟她过不去，说不定会当场发脾气。但是对于容貌平常，不美也不丑的女性，情况就完全不同了。她们往往自我感觉和美女差距不太大。由于这种潜意识的影响，当你说"你很漂亮"时，一定会受到对方的欢迎，所以，上面这句话是有道理的。

采用这种办法赞美现代女性，效果远不及赞美古代女性明显。因为，现代女性一般都有独立的经济能力，时常翻阅女人心理的小说或报刊，或看电视上各种心理讲座，现代女人所受到的教育和参加社交活动的机会远远超过古代女人，所以，几句简单的赞美是无法打动女人芳心的。

要想让女性对你产生好感，就需要拿出很多方法。方法之一就是赞美女人本身没有觉察到的优点。

有一位知名的摄影师正在给一位女明星拍照。摄影师虽然很清楚面前的女明星神情显得很紧张，依旧不失时机地说："你的耳朵真是漂亮极了。"女明星听到赞美自己意想不到的部位时，严肃的表情一下就放松了许多。原因就是得到了摄影师的赞许，从而对面前的这位摄影师产生了信赖感。

以女性而言，对能发现自己美丽之处的男性产生好感，当然也可能一见钟情地和这名男性交朋友。这种例子不胜枚举。

当你采用直接的方式赞美女性时，女性一方面感到高兴，另一方面又感到难为情。这种难为情或者害羞的感觉往往很快变成对你的警戒心，甚至会怀疑你有图谋不轨的可能性。

对女性的服饰或携带物品进行赞美，也是间接赞美的方法之一。这种方法能顺利而自然地被女性接受，讲话方式越间接，女人就越缺乏警戒性。

在各种对女性的赞美方式中，赞其气质是最好的方式。因为，美丽、可爱、魅力等有关容貌的赞美，对女性而言，非常敏感。虽然只是表面的称赞，对方也会觉得有一丝喜悦，然而，赞美本来就不简单，尤其是赞美女性更难。在她情绪不好时，你的一句"小胡，你今天特别漂亮"也会使她觉得"那么以前我天天都不漂亮"？

赞美是发自内心的喜悦和赞美，并非逢迎或违心阿谀。因此，真心的赞美，除了外在的称赞之外，不妨赞美其内在美。比如你对一位女性说："你的眼睛像星星那么明亮，像泉水那般清澈"，就不如说："你举止高雅，谈吐中肯。对了，你是如何充实自己的呢？"显然，后面的这种赞美会使对方更加愉悦。

每个人都有值得赞美的地方。只要你能发掘对方身上的优点，并不失时机地加以称赞，定会收到不一样的效果。

不要吝啬你的赞美。你只有以欣赏的眼光去看待对方，对方才会回报你以喜悦和真诚，你才会收获自己想要的爱情。

法则44：制造"偶然"深得芳心

大多数女性都比较相信命运，她们相信一切男女之情都是一种缘分的注定。似乎"偶然"对她们更有说服力。

有一个朋友，他的女儿才貌双全，许多条件很好的男人向她求婚，都被她拒绝了。并非她不想结婚，而是她想到结婚以后，必须走进厨房，每天为柴、米、油、盐之类的事情烦心，就退缩了。但是有一年，突然出现了一个让她决定出嫁的男士。

这个男士既能干又有钱，只是长得不英俊。每一次约会她都是在不知不觉中答应的。后来渐渐地了解了他的工作，也和他的家人见了面。

当有一天，她突然觉醒时已经太迟了，因为订婚戒指已牢牢地套在她左手的无名指上。

每次问她怎么会嫁给他时，她总是开玩笑地说："我是上了他心理战的当。"有时又会说，"可能一切都是命。"

也许因为说了这些话，而引起了她继续说下去的兴趣，她谈起了他们是如何开始约会，又如何闪电般迅速结婚的。现在将她所说的话，掺杂个人的想象，他们第一次约会时的对话可能是这样的：

"网球和电影，你喜欢哪个？"

"我喜欢看电影。"

"国产片和外国片，你喜欢外国片？"

"是的，但是地方正在上演A导演的新片，虽然是国产片，我也很想看。"

"这样好了，这个礼拜天我们一起去看。"

这个女孩不假思索，轻松地答道："好吧！我们去看。"

然后，他们就经常一起看电影。刚开始时，这个女孩根本没有想过要和这个男士约会，但事后想起来，当时男士问的问题中，她好像没有回答"No"的余地，都是说"Yes"或"OK"的。本来在一开始约会时，其内容都会有"Yes"和"No"的选择，如果是"Yes"的话，那么在以后的约会中，就会谈有关

"Yes"的内容,或A和B问题中的内容。这个男士提问时,几乎无视这一点,他只让她从A或B中来选择"Yes"或"No"。

虽然,她在这场心理战中失败了,所幸的是她建立了一个幸福的家庭,所以也就没有什么关系。那么,这个聪明的女孩为什么会让他的计谋得逞呢?

某保险公司的一名女推销员的推销成绩在公司可说是数一数二的。但她并无特殊外貌,口才也平平,实在看不出她有什么能耐。可是当你与她见面时,才感觉到她确实是有一手。据她说,每当她要向女性推销时,一定要强调命运。例如:"本来我也不相信什么命运,可是我有一种预感,你非加入保险不可。"

先说了一段开场白后,接着又说:"前一阵子我向一位太太推销保险,她也入了保,但奇怪的是当她入保后第二个月,她家人突然发生了事故,而她也因此获得了保障。在我向她推销保险以前,就曾多次在路上遇见她,虽然这些都是偶然,但为何反复出现,而且在同一个地方,因此我也不得不相信偶然与命运有所关联,就是因为偶然,间接促使她加入了我的保险。"当然她说的那些话并不是捏造的,只是时间上稍作更改,因为那是多年前发生的事。

一般女性对所谓的命运的感觉都十分脆弱,所以这一类说法对她们自然十分有效。据说她每次都是用这种方式促销她的保险,而且每次都是十拿九稳的。

男人要结交女友时,也可将偶然与命运同时运用。比如某男子归还一条拾获的女性手绢时,便可这样对她说:"你的长相与我初恋的女友真是太相似了。"以后便可经常故意制造一些"偶然"与她碰面,并且要让她感觉这些偶然都是命运的安排,更需时常强调说,"难道我们之间真有这么多的偶然吗?或许是上天有意安排。"这对男女在不久的将来必定会双双步上红地毯。

想收获完美的爱情,有时也需要用心"设计"。谁都希望自己心仪之人能痴心暗许。那么,不妨刻意制造些"偶然",让Ta心甘情愿地向你靠近吧!

法则45:增加见面次数以俘获芳心

有一位著名的心理学家查荣茨做过这样一个实验:先向被实验者出示一些照片,有的出现了20多次,有的出现了10多次,有的只出现了一两次,然后请被试验者评价对照片的喜爱程度。结果发现,被实验者更喜欢那些看过很多次的熟悉照片,而非那些只看过几次的新鲜照片,也就是说,看的次数增加了喜欢的程度。

这种对越熟悉的东西就越喜欢的现象,心理学上称为"多看效应"。

人的心既坚强又柔弱,是一个很奇妙的存在体。有些感情因素,比如喜欢,会在不知不觉的接触中产生。接触频率或见面次数越多,越会喜欢。

有社会心理学家为了证明这个效应,曾做过一个实验:在一所大学的女生宿舍楼里，他们随机找了几个寝室，发给她们不同口味的饮料，然后要求这几个寝室的女生，可以以品尝饮料为理由，在这些寝室间互相走动，但见面时不得交谈。一段时间后，心理学家评价她们之间熟悉和喜欢的程度。结果发现：见面的次数越多，相互喜欢的程度就越大；见面的次数很少或根本没有，相互喜欢的程度也较低。

闭上眼睛，仔细回想一下，我们对有些人的印象一般，但是随着经常的接触，是不是会越看越顺眼，甚至会越来越喜欢？

有些人我们第一次可能觉得她不漂亮、不温柔，不是自己喜欢的类型，但是却天天见，时间长了，是不是也会越看越觉得她很漂亮、很可爱呢？

聪聪、小华和明明三个人在高中时是同一个班，彼此都是很好的朋友。但是高考之后，聪聪和小华考上了同一所大学读书，而明明则考到了另一座城市的一所大学。聪聪和小华几乎每个星期都会碰面四五次，有时是相约一起出去玩，有时是一起吃个饭，有时是在校园巧遇。明明在新学校也结识了许多自己的新朋友，和聪聪、小华则只在寒暑假才在家乡见面，一起开心地玩几天。结果很显然，尽管他们三人还是好朋友，但是不知不觉中，聪聪和小华的关系更加亲密，而与明明则有些莫名其妙地生疏了。

可见，若想增强人际吸引，就要留心提高自己在别人面前的熟悉度。

当一个男生喜欢一个女生的时候，就可以时不时地故意制造见面的机会。假如她经常去某个教室上自习，你就故意也在那个时间点去那个教室上自习，并主动打招呼："嗨，这么巧，你也来这儿上自习呀。"并想尽办法坐得离她近一点儿。

试想，你每天都这样见到她，在她旁边学习，自然就有机会了。所谓"近水楼台先得月"，你再时不时地和她探讨下问题，送她回家或寝室，她对你的印象自然越来越深，很可能会不知不觉地就喜欢上你。

这个方法运用到工作中同样有效。假如你想得到领导的重视和赏识，你就有必要经常向领导汇报工作。工作一开始要先汇报，工作进行到一定阶段要按时汇报，进行到一定程度要及时汇报，工作完成要立即汇报。这样经常性地汇报，与领导接触的机会多了，见面的次数也多了，领导了解你的机会也多了，与领导越熟悉，领导越有可能喜欢你，这样，提拔你的可能性也就大了。成不成，混个脸熟，机会总要大些。

如果你想与某人建立良好的关系，就不妨多找机会和他见面吧。

法则46：利用黄昏时约会以获芳心

在美国电影名作《上流社会》音乐片中，两位男演员展开了一场爱情争夺战，值得注意的是，每当他们想要说服女主角时，都会选择傍晚这段时间。

为什么这类谈心要选择傍晚时分呢？因为，一般女性对这段时间的感觉是十分脆弱的。而如果从心理学的观点来看，自有其深刻的缘由。

任何人的身心都可能受到一种所谓的"生物时间"支配，每当到了黄昏时分，这种现象更为明显。

生物时间即主宰着人的精神和肉体的自然节奏。当这种节奏显出不协调时，任何人的身体都会感到疲倦，因而思考能力就会降低，紧张感也薄弱，甚至失去控制。所以，往往在黄昏时分比较容易发生交通事故。

在许多情况下，女性比男性更加情绪化，当受了"生物时间"不协调的影响时，也比男性更容易于陷入不安和感伤的状态。如此说来，攻破女性心理防线的最佳时间是在黄昏时分，也是有一定道理的。这也可谓为男性的智慧之一吧！

当然，"生物时间"的变化使紧张感极度薄弱的现象，不仅对女性如此，对男性也具有同样的作用。

这种巧妙利用"生物时间"的变化来弱化对方的做法，在商业谈判上也很有效。比如，我们认为此次商谈颇感困难时，最好选择傍晚时分，若是开会，则将会程拖延至傍晚等。平常在会议中难免会出现许多疑问或意见等，但在傍晚时刻，每个人由于精神上的不安定，加上思考能力减弱，对会议中所进行的提案很少深入地探讨，多以干脆同意了事，于是便很容易上别人的圈套。所以，选择这个时候进行交涉或举行会议，是实现自己计划的理想时刻。

由此扩展到环境气氛、天气等对人生理的影响，也是不可忽视的。

女性对环境气氛的感触相当敏锐。例如，在眺望绮丽夜色的高楼窗前，听男朋友的温柔情话，就会显得格外听话。如果把女人带到豪华的餐厅或酒吧，女方就会陶醉在另一种气氛中。

其实，不光是女性对气氛敏感，男性也是同样。比如，连续几天的阴雨就会使人感到沉闷，相反，艳阳高照的大晴天则会使人想到户外活动。

下雨天的晚上是进行心理战的最好时机。下雨时，人的心理活动水平降低。例如，下雨天谁都不想出门，待在家里也很沉闷。如果大家要分手或离开，就选择在下雨天的晚上，把自己要说的意见提出来，这样，就能很顺利地如愿以偿。

女性比男性更易受到天气等自然条件的影响，下雨时，沉闷的气氛很自然就降低了对不易接受的条件的抵抗度。雨水就像一张包装纸，把一些不易接受的现实包起来，因此，不易接受的事实也勉为其难地承受了。

可见，当你有了心仪的对象，选择适合的约会时间也是很有学问的。

法则47：用点"心计"轻易俘获男神

正值豆蔻年华的女孩怎可以没人爱？都说"恋爱中的女孩最美丽"，要想将自己美丽的潜质更充分地挖掘出来，恋爱绝对是一剂良药！但是真正的爱情可不是那么容易就能得到的，现实的爱情往往错综复杂。那个榆木疙瘩、铁石心肠的人，怎么也领会不到你的心意，而因为女孩的天性矜持，你也有所顾虑，难以启齿。

爱之深则思之切，你爱他，但是不知道怎样表达你的心意；你想他，但是不知道他是否同样想着你……彷徨、期待、矛盾，难道你可以做的只有等待？答案无疑是否定的，聪明的女孩对待爱情，也一样张弛有度、伸缩自如。当她爱上一个人的时候，不会食不甘味、睡不安寝；她不会让这件事占据大脑的全部位置；她更不会蠢到拿着一枝玫瑰花一边撕着花瓣一边反复叨念：他爱我，他不爱我……

这样做，无疑只会让你的思念更重、爱意更深，却丝毫于事无补。要知道，爱情是要讲计策的，不能因为丘比特的缺席而耽误爱情大计。

聪明的女孩不是完美的女孩，但一定是最快乐的女孩。那么，从现在开始让自己做一个聪明的女孩，在爱情中掌握快乐的秘诀，充分利用手中的资源，将自己认准的"如意郎君"一举拿下吧！

可以参考下面一些爱情小计策。

（1）知己知彼，百战不殆

古人打仗，讲究知己知彼，唯有知己知彼，了解对手的弱点，才能以此弱点为引爆点，从而一举将其突破。恋爱，也是同样的道理：熟知他有什么不为人知的癖好、他有什么未了的心愿，然后就很简单了，咱们就可以像守株待兔中的那位先人一样，立根桩子，就等这傻男人自己撞过来了。"投其所好"是爱情中最常用的手段，但是也最实用。冬天来了，他经常冻得缩脖子，给他织条围巾，暖暖他的心，再瞧他的眼睛里是不是尽是你的影子了？

（2）拉开距离，保持神秘

大凡男人都有猎奇心理，你只有让他对你产生了浓厚的兴趣，他才会想要接近你。但是，这里有一个度的问题，若是你冷若冰霜，给了他拒人千里之外的感觉，那么便适得其反，达不到预期的效果了。好比有雾的天，如果能见度太低，人们大多会选择等雾消散而不是冒雾强行，要是雾气只是一层透明的纱，人们就会自信满满、心情愉悦地在雾中穿行，这样在行进过程中会有隐匿的快感和大获全胜的成就感。

（3）欲先取之，必先予之

恋爱时，多是男人主动，然后女人有了反应，于是双双坠入爱河，在爱河里畅游尽欢。但是男人不主动，女人就该自己想点儿办法了，总不能坐等好男人成为她人夫吧？那么就做出点事情给他看吧，对他好点儿，而且刻意地表现出来，哪怕你什么都不说，每天给他递杯水，请他吃根棒棒糖，有什么好事都给他预留一份，不出两三天，再蠢的男人也知道你心里打的什么小九九了，这时，属于你的春光灿烂的好日子就来到了。

（4）若即若离，欲擒故纵

聪明的女孩一定要将这个招数学会，这的确是让他对你着迷的最好方式。他搞不懂你在想什么，你就像雾里的水仙花一样，越有阻力、越有障碍，他就越想进一步接近你、了解你，然后爱上你，这其实便是顺应了男人的征服欲，聪明的女孩绝不能轻易将自己交出去，给他点儿难度，满足他的成就感，这也能转换为他对你的忠诚度。

法则48：软硬兼施捕捉心仪的"猎物"

对于女人，幸福并不只是一场王子与公主小鸟依人的浪漫故事，也不是天天作河东狮吼状就能简单地把一切掌控在自己手中。

聪明的女人都有一种明谋暗算、软硬兼施的天分，而只有这样才能让聪明女人的这种天分发挥到极致。这样的女人，出门时一定会将浓密的卷发梳理整齐，挎着精致的包包，再将自己描绘得精致分明，形象绝对是一丝不苟。与人交谈，她总是频频点头，微笑地看着对方的眼睛。个性而又动听的手机和弦铃声响起时，会礼貌地跟对方说抱歉。

"软硬兼施"的女人还很善于挖掘潜力。何以"软硬兼施"的女人更加容易掌握幸福？因为她们知道从细节之处表现自己的冰雪聪慧，她们知道如何恰如其分地运用女人的小手腕，当然，她们自然会得到比别人多一点点的幸福。

要想使得自己的"猎物"无处可逃，首先要"软硬兼施"。但男人都喜欢温柔的女人，一味地只是发脾气，就是冰块儿了。男人有很多应酬，不得意的时候很多，要面子的时候更不少。有时候，男人也会"矫情"，比如，你忘记他的生日，他向你发脾气，那是因为他对你有所期待，他并不会要求一个陌生人记住他的生日。我们还要学会为爱松绑，若即若离，犹如扯不断的风筝。因为女人对身边的男人有所要求、有所期望，所以常常会失望、失落。

"二八佳人体似酥，腰间仗剑斩愚夫。虽然不见人头落，暗里摧君骨髓枯。"这句警世恒言意思是说，别看漂亮女人玉体柔软如酥，但她的腰间却好像带着一把杀人的斧头。一句话，男人们别贪恋女色，否则会勾人性命，置人于死地。然而，有些男人明知如此，却仍对女色趋之若鹜。因此使得那些有才有识的女子们不得不使用旷世绝招，来阻止丈夫的出轨。

唐朝宰相房玄龄的夫人卢氏就是一个很好的例子。

房玄龄晚年时，唐太宗多次赐美人于他，但总是被房玄龄拒绝。唐太宗便让长孙皇后劝说房玄龄的夫人卢氏。卢氏回说："妾宁妒而死！"听此言，唐太宗便派人给卢氏送去一坛酒，说："你若如此坚决，那就把这鸩酒喝了。"卢氏果真宁愿喝鸩酒也不愿有其他女人和她分享房玄龄，让唐太宗无奈地说："我尚畏见，何况于玄龄。"

古代的女子常常因为要与她人分享爱人而受到很多的痛苦，但是很少有软硬兼施来掌控自己的命运的。不过，管道升是这方面一个典型的成功例子。

元朝至元二十四年，书法家赵孟頫娶了浙江吴兴美女管道升。管道升不仅貌美如花，还写得一手好诗词和画得一手好字画。

但依然没把赵孟頫牢牢拴在自己身边,赵孟頫还是另觅新欢了。

管道升为了感动丈夫,并没有哭也没有闹,只是写了几句诗:"夫君去日竹初栽,竹子成林君未来。玉貌一衰难再好,不如花落又花开。"《论语》说:"诗可以兴。"即可以感动人心。但真用此方法能感动得"负心汉"回头的并不多。当然,一招不行可以再来一招,据明代蒋一葵《尧山堂外纪》中记载,管道升曾作了一首非常著名的《我侬词》,答对即将纳妾的丈夫:"你侬我侬,忒煞情多。情多处,热似火。把一块泥,捻你一个,塑我一个。将咱两个,一齐打破,用水调和。再捏一个你,再塑一个我。我泥中有你,你泥中有我。与你生同一个衾,死同一个椁。"

当然,古代并不是所有女子都有此般手段,每当打不动、骂不灵时,古代女子往往硬的不行来软的。"花在时,人在势",天下没有不老的貂蝉、不死的西施,所以丈夫是否精神出轨或者身体出轨,主要还在于他自己,女人使用的是何种招数,皆治标不治本。

很实在的一句老生常谈:"改变能改变的,接受不能改变的。"男人只要爱自己,肯在家里守着,就知足地快乐,像快乐的小鸟一样相夫教子,去收拾家务吧。

做个知足的女人,做个能给男人空间,能让男人爱自己又能让男人快乐的女人,软硬兼施,让"猎物"无处可逃,你就会是一个最幸福的女人。

法则49：保留神秘感更会增加亲密感

两个刚认识不久的人一定会非常迫切地希望知道对方的事情，尽管这是理所当然的愿望，却也会造成不利局面。因为对方一旦了解了你的全部事情，对你的兴趣也会随之冷却。因此，要使每次约会都有新鲜感，并使他对你持续抱有兴趣，聪明的女人一定要在恋爱期间保留一点神秘感。

有这样一个故事。印度有一座寺院，院小和尚也少，寺院不卖门票，游客自由出入，刚建成时人满为患。但时过境迁，游客越来越少，香火越来越弱，其清冷凋敝之状自是不难想象。寺内和尚们大多另谋高就去了，只剩一个和尚看家护院。无奈之下，该和尚只好锁门谢客，无所事事。但时间一久，竟有人不断地趴在门缝上往里窥探，而且人数越来越多。该和尚并非呆头之鹅，乃搬了一把椅子坐于山门之前，谁欲一瞧，必须孔方兄伺候。此招不但没把那些偷窥者吓退，反而队伍排得越来越长。后来寺里又引进一"半语"（该老兄话只说半句）和尚，寻吉问凶者皆由该老兄接待。再后来，民间传说这位老兄道行颇深，话极灵验。于是，寺院始终呈闭门谢客状，但香火旺盛得足以令那些古刹名寺的住持们羡慕得吐血。

美国著名电台主持人谢里在她风靡全美的畅销书《坏女人

有人娶》一书中总结，女人在男人面前保持魅力的秘诀：只给一点，即刻收回；再给一点，再收回。这就有点像小孩子们在学校玩的追人游戏，你就是那个被追的，如果你老是配合他，他就懒得追你了，如果你总在跑，他总跟着你。即使你们结了婚，每当他对你不来电时，就要想方设法给他的电池充足电。

　　神秘感之所以能够成为爱情的源泉，是因为人都有好奇心，对自己不甚了解或根本不了解的东西，都怀有一种非把它搞个清楚不可的冲动。比如，前面如果走着一个身材苗条、穿着得体、优雅大方的女人，大多数男人都会本能地认定她的脸蛋肯定也是漂亮的。于是必然就立马产生一种赶到前面看个究竟的冲动。这就是神秘感带来的威力。一旦搞清楚了，神秘感就立刻消失了。下面就是一个这样的例子。

　　吕女士从第一次恋爱开始，就有这种思想："古典好女孩"是不能轻易和男孩子交往的；与男孩子交往中的言谈举止必须保持典雅、温柔的风范；一旦和男孩子建立了亲密的关系，她就必须始终不渝地去爱这个男孩，希望缔结终身姻缘。

　　吕女士为了实现这种与时代发展相悖离的传统观念要求，她时常在很短的时间内就将自己的情感完全付出。她可以为男友做任何事情，诸如做晚餐招待他，买一些时尚的礼品送给他，请他看电影、品咖啡，甚至替他安排日常生活的作息。

　　一些与她"拍拖"过的男孩，起初被她热烈的情感所感动，都想与她好下去。可是，一次约会之后，正当他们准备对她发起追求攻势时，吕女士却表现出迫不及待的阵势，以致将自己的情感付出太多。可想而知，男孩们此时的兴趣很快消失得无影无踪，对她兴味索然，一个个都逃得远远的。

吕女士很是苦恼，后来一位密友向她点破了其中的秘密。吕女士终于明白了她以前的作为，在男孩的眼中几乎和落翅的凤凰没两样。后来，吕女士也有了应付男性的经验。

此后，再有男友邀请吕女士外出游玩，吕女士就告诉他，自己很想去，可惜先有了其他约会。吕女士的这种做法，大大刺激了男友对她的兴趣。以前对她不屑一顾的男孩，发觉她竟然成了男孩子们的众星之月，纷纷献殷勤取悦她。

总之，女人的神秘感对男人是一种吸引力，令男人神魂颠倒。为了满足自己的好奇心，男人们会乐此不疲地去探索和发现神秘女人的秘密。而且，在男人眼里，具有神秘感的女人难以驾驭，更富有挑战性。男人为了能最终征服和陪伴她们，赴汤蹈火也在所不惜。

心理学中有一种升值规律，即越是得不到的东西，越是值得朝思暮想，异性之间的情恋尤其。保持神秘感不仅仅能产生和谐，还能产生敬畏感。绝对是人际关系中的一个"杀手锏"！

神秘感是女人的武器，也是女人的魅力所在。聪明的女人要好好使用这种武器。因此，不要对男孩子有求必应，要适时地拒绝他，以保持一份神秘感。

法则50：将"柔弱"当作制胜的武器

撒娇是一种情趣，更是一种智慧，是女人与爱人对话的一门艺术。其弦外之音是"你要让着我、宠着我"。即使有少许耍赖的成分在里面，男人们也会心甘情愿地听从差遣。

温柔是一种无形的力量。温柔的力量在于不知不觉之间，有着"润物细无声"的效果。一个女人无论在外面表现得多么精明能干，在家庭中，她便要充当一个温柔妻子的身份。

温柔，首先是一种善良。一个温柔的女人，会为路边的流浪小狗暗自流泪，她的善举能感染身边的每一个人。她待人彬彬有礼，从不骄傲自大。之所以说会柔弱的女人是幸福的，是因为身边的例子实在太多。

女孩佳佳其貌不扬，爱打扮自己，不爱做家务，却极富撒娇之能事，男友比她小一岁，却身材魁梧，英俊潇洒。相貌平平的她却常常把她的男友哄得团团转，非但做完家务，还能心悦诚服地为她捶腿。

这让思想保守的母亲一直觉得难以理解。在家好吃懒做的女儿，居然还能降住男人，真是不可思议！"你说她长得漂亮吧，可也不算漂亮呀！"母亲经常嘀咕。殊不知，懒人自有懒人的福气。

"去把碗洗了！""把电脑关掉！""跟你说了多少次了，要把柜门关紧！"她们总是用最直接的方法处理问题，用生硬的口气命令男人,而忽略了男人的心理感受,如此一来,即使男人听从了她的吩咐,心里也不一定是情愿的。

而有"福气"的女人就懂得如何驾驭男人,如何采取一些迂回手段,让男人心服口服地听命于自己。她会说:"亲爱的,你去把碗洗一下,好吗?我明天做好吃的菜给你补身子!"必要的时候配上丰富的肢体语言,她的目的达到了,气氛仍然融洽。

会撒娇的女人,让男人身上有使不完的劲儿。反过来,如果妻子直眉瞪眼,对男人河东狮吼:"还不赶紧去做饭?我也一样上班,凭什么让我伺候你!"一场家庭战争在所难免。

当撒娇变成女人对男人感情的释放,男人会在此时领略到被爱的自我价值而获得高度的心理满足,从而使夫妻间的亲密升华到一个更深的层次。

因此,未有此种体验的女人,不妨收起冷漠的面孔,撒一撒娇,千万不要觉得不好意思,因为撒娇也是女人的一种智慧。

说到底,撒娇,就是一种温柔!

女孩处世交友妙方多样,刚柔并济之法是其中重要的一种。自以为是的人,常会被盲目自信所困,所以以刚克刚是她们"小聪明"的表现。真正的强者常善于以柔克刚,此可谓真智慧!

有句俗语叫"四两拨千斤",讲的正是以柔克刚的道理。俗话说:"百人百心,百人百性。"有的人性格内向,有的人性格外向,有的人性格柔和,有的人则性格刚烈,各有特点,又各有利弊。然而纵观历史,我们不难发现,往往刚烈之人容易被柔和之人征服、利用。为人处世更需要善于以柔克刚。

一块巨石如果落在一堆棉花上,则会被棉花轻轻地包在里面。以刚克刚，两败俱伤；以柔克刚，则马到成功。

在《红楼梦》中，贾宝玉说女人是水做的。水做的女人，应该有水一样的温柔。女人在恋爱时表现出来的温柔，有一份朦胧、一份羞涩、一份浪漫，时刻诱惑着对方；在婚姻中表现出来的温柔，则有一份母性、一份责任、一份温暖，时刻让对方牵挂。

但凡刚烈之人，其情绪颇好激动，情绪激动则很容易使人缺乏理智，仅凭一股冲动去做或不做某些事情，这便是刚烈之人的特点，恰恰也是其致命的弱点。

俗话说："牵牛要牵牛鼻子，打蛇要打七寸处。"应以己之长，克其之短。对待刚烈之人如果以硬碰硬，势必会使双方都失去理智，头脑发热，做事不计后果，最终各有损伤，事情也必然闹砸。过犹不及，悔之晚矣。

倘若以柔和之姿去面对刚烈火暴之人，则会是另一番局面，恰似细雨之于烈火，烈火熊熊，细雨丝丝，虽说不能当即将火扑灭，却有效控制住了火势，并一点点地将火灭去。但若是暴雨一场，火灭去，又添洪水泛滥之灾，一浪刚平又起一浪，岂不得不偿失？女人，请谨记，柔弱是你的制胜法宝！

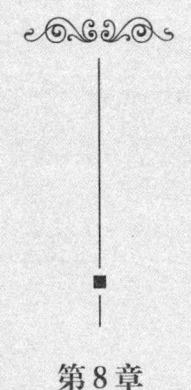

第 8 章

棍棒出孝子

——让孩子懂事听话的育儿心理学

现在的孩子接触的信息比较广泛,他们内心的想法也越来越多,很多家长感慨现在的孩子越来越难管。事实上,没有难管的孩子,只有不会管的家长。只要你掌握了育儿心理学,不打不骂,就能培养出既懂事又听话的孩子。

法则 51：敞开心扉取得孩子的信赖

在中国的亲子关系中，有一个很奇怪的现象：父母往往很少向孩子透露自己的内心世界，却要求孩子能够向父母吐露一切，这种不平等的关系是亲子沟通的一道屏障。

刘先生不苟言笑，严肃古板，是一位典型的权威父亲，他可能从来未曾体会孩子的感觉，也可能从来没能欣赏孩子的笑容。由于年老，他负责社区的清洁工作。社区的孩子们都知道，刘先生很凶，脾气暴躁，没人敢接近他。

刘先生的孩子们，虽然都认真工作，但是文化程度都较低。他们惧怕父亲。碰到父亲在场，尤其是吃饭的时候，都不敢讲话。孩子们先帮父亲把饭端好，稍有一些地方不符合父亲的意思，就得挨骂。有时邻居亲眼看见，他的小孩在做家务时，动作稍有慢一点儿，他就大吼大叫，孩子们吓得不敢讲话，一味低着头卖命干活。

孩子们慢慢长大，都离开了家庭。这位父亲孤单地过着生活。后来，刘先生年老体衰，生病了，没有一位孩子愿意去照顾他，惟独年老的太太在身旁照顾。病症越来越严重，刘先生去世了，而他跟孩子的关系也随风而逝。

谁说刘先生不爱他的孩子？他像牛马般地努力工作，谁能说不是为了家人幸福？只是因为时代与文化环境的捉弄，让他观念跟不上，变得僵化，不知该如何跟孩子做有效沟通，如何温情相处。他的苦，不是他自己愿意的啊！每当见到许多孤单而受苦的老父亲们，我们的内心就有同样的感触。

传统父亲在孩子的心目中"既熟悉，又陌生"。有一位接受调查的成员无奈地说出自己对父亲的感觉："我的父亲是个非常严肃的人。从很早以前，我们的沟通就很少、很浅，单独和父亲相处，竟会带给我许多焦虑和不安，并不是因为我畏惧他，而是不知道如何与一位陌生人相处所带来的情绪和反应。即使到了今日，我明白这样的关系是我心中一个难解的结，但我依旧不知如何与父亲接近。"

这种父亲们往往都坚持父亲的权威不容侵犯。若孩子"不听话""不乖"，等于是漠视他的命令或者是忤逆他。这会使他感觉权威地位被动摇，因而他需采取非常手段（打、骂之类），来巩固他的父亲地位。即使他自己做错事，也不愿向孩子道歉。父亲对其他人都可以道歉，惟独对自己的小孩从不。一个拥有健康人格的孩子，会愿意长期忍受父亲如此的教导方式吗？

建立良好的亲子沟通关系，父母总是只想让孩子向自己敞开心扉是不行的，父母也需要向孩子敞开心扉。父母只有向孩子敞开自己的心扉，才能得到孩子的认同，从而促进亲子关系的发展。

当孩子关切地问父母"你为什么不高兴啊？是不是工作上有了麻烦？""你有什么麻烦，能不能告诉我？"的时候，就应该认真地考虑一下，是否应该敞开心扉跟孩子谈一谈。但到底要怎么谈呢？如果只是搪塞敷衍地说："没什么，很好。"或"不关你的事，去玩你的吧！"那就等于是将孩子对父母的关心推开。

父母真诚地向孩子敞开心扉，表现了对孩子的尊重和信赖。世上没有完美无缺的人，父母也是如此。在孩子面前，以一种轻松的方式让孩子接受父母的不完美，承认自己的错误，不仅让孩子觉得你更亲近，还能加深亲子之间的感情，而且能把一种坦然、放松的处世态度传达给孩子。

法则52：信任孩子并让孩子竖立自信

对孩子信任，做孩子的好朋友，能够激发孩子内心的动力，让孩子体会到被尊重和认可的快乐，更有助于孩子建立自信心。

刘清为女儿制定了一套学习时间安排制度，女儿也同意了按规定玩游戏、做作业，到时间就休息。刘清终于松了口气。

突然有一天，刘清出差提前回到家，发现女儿又在房间里聚精会神地玩玩具，而且没有先完成功课。

"榛榛！"刘清大喊一声，死死地盯住女儿。

女儿急忙把玩具藏了起来，试图做出一个笑脸，然后故作镇静地说："我做了一个小时的功课，刚刚才坐下来休息一会儿。"

"榛榛，你真让我伤心，你怎么会这样对待妈妈，你懂不懂这样做会对你有什么样的影响？你不必解释了。"看见女儿似乎要申辩，刘清急急忙忙地阻止了她。

"我不想听你任何的解释,你让我失望极了,你知不知道我这样做全是为了你?"

"那你不要管我好了。"榛榛顶了一句。

"什么?"妈妈的眼睛瞪了起来,声音骤然升高。

此时,榛榛的眼睛里开始出现恐怖的样子,她在寻找退路。"不管你!这是我的责任,我当然要管。你回房间去想一想,还有……"她忽然想起榛榛这周末要同几个女友到同学家过夜。"还有这周末不能去琳琳家过夜。"

"为什么?"榛榛大叫,愤怒和绝望像洪水一样扭曲了她的五官。"我要去,我就要去,你是一个坏妈妈。"

看着女儿那种狂怒的表情,刘清也有些不安了。她知道女儿是多么盼望着这个机会能与小伙伴一起过夜,但她的愤怒和自尊都阻止她收回这道"命令"。

"是你自己取消了这次机会。"

"为什么?这与玩有什么关系呢?我就要去,看你怎么办!"女儿暴跳如雷,她此时困兽似的表情和姿态是刘清最不愿意看到的。

"你马上停止,不然我要发火了。"

"你已经发火了,我就这样,怎么样?"

"啪、啪!"刘清狠狠地在女儿后背拍了两下。

"哇!"女儿哭着冲进自己房中,"哐啷"一声将门关上。

随着这两下,刘清的气泄了,却感到十分的内疚,有一种被击败的感觉。

一直在旁注视的保姆说:"刘清,这几天她都没有贪玩,今天的确是先做了一些作业，才央求我让她玩一会儿的，我觉得她是很看重你的规定的，你应该信任孩子才是。"

我们来看一下刘清在看到女儿违反母亲规定那一刻的心理活动：看到女儿在自己不在时玩玩具，刘清首先想到的是，在做了许多工作后女儿仍然无视妈妈的要求，做妈妈的辛苦和委屈都奔涌出来。更想到睡眠不足对女儿身体的影响，女儿以往不尽如人意的事情也一件件地在脑子中浮现出来。她没有相信女儿，没有给女儿任何解释的机会，就妄下结论。

诚然，对孩子不关心、不在意的母亲一定是不称职的母亲，但用制度强求孩子，一旦出了问题就过于鲁莽、不假思索地采用不正确方式的母亲，即使她内心有多么关心孩子，在我们看来，她也是个失职的母亲，她没有做到相信自己的女儿。

父母与子女的相互信任是成功家教的重要因素。一些教育专家在家庭调查中发现，子女对父母有特殊的信任，他们往往把父母看成是自己学习上的蒙师、德行上的榜样、生活上的参谋、感情上的挚友。他们也特别希望能得到父母的信任。他们认为，只有父母的信任，才是真实、可靠的。父母的信任意味着压力、重视和鼓励，这是真正触动他们心灵的动力。

许多普通的、不为老师和家长看好的孩子，他们的潜能表现在日常生活的细微之处，做父母的一定要对他们充满信心，坚信只要是生命就能绽开灿烂的花，耐心地帮助孩子挖掘出那闪烁着独特光芒的潜质，让它成为打开孩子生命潜能的金钥匙。

充分信任孩子，才能感染孩子、激励孩子；充分信任孩子，才能使孩子的潜能得到最充分的展现。对孩子的信任，能够激发孩子内心的动力，让孩子体会到成功的快乐。他们会在父母充满信任的目光和言语中，自己从摔倒的地方爬起来，一步一个脚印地走向成功，实现心中的理想。

法则53：给孩子控制权促使其独立

著名的教育家陈鹤琴先生曾提出："凡是孩子自己能做的，应该让他自己去做；凡是孩子自己能够想的，应该让他自己想。"父母们只要肯放开手，就会惊奇地发现孩子的潜力是无穷的，他们能做许多在父母看起来不可能做到的事情。

有一天下午，"小皇帝"马俊峰要买一支气枪，父母没答应。又一天，马俊峰捂着肚子，硬要钱去买哈密瓜吃，得到的却是父母的白眼。再有一次，马俊峰要玩遥控飞机，伸手去爸爸口袋里掏钱，没想到竟挨了一巴掌……夫妇俩严格地"控制"着儿子，连一些正当的要求也不肯满足他，这巨大的反差，使儿子产生强烈的不满和怨恨。有一天，他趁父母不在，撬开大立柜，摸出100元钱，就到街上吃喝玩乐去了。

夫妇俩并没有察觉到儿子的异常行为，反而为儿子不再像从前那样伸手了而感到很满意：还是严点儿好，这孩子还懂得父母心。夫妇俩哪里知道，儿子自从第一次偷拿钱以后，便变得毫无顾忌了。他由偷拿100元钱发展到偷拿几百元钱，甚至把大立柜里一张3 000元钱的活期存折都拿走了。后来,夫妇俩终于发现了儿子的"秘密",顿时火冒三丈——父亲抡起了巴掌,沉稳的母亲也动了拳脚,直打得独生子哭天叫地,好不悲凉。

饱尝了皮肉之苦的"小皇帝"开始对父母疏远了,常常饿着肚子也不回家吃饭。这时,一帮小哥们儿围上了他,他们给他饭吃,给他钱花,并引诱他偷窃。马俊峰被人当场抓住手腕三次,只是被偷者见他年纪小,没忍心对他大动干戈罢了。马俊峰并未引以为戒,痛加改悔,反而变本加厉,愈演愈烈,先后四次进了收容所。

上述案例是一个控制孩子过严酿成的悲剧。假如因为这样教育出了不听话的孩子,那么责任应该由谁来负呢?自然是父母。

有时候孩子不听话,是其要求独立自主的表现。独立自主是健康人格的重要构成,它对孩子的生活、学习质量以及成年后事业的成功和家庭生活的美满都具有非常重要的影响力。

在现实生活中,许多父母为了让孩子专心学习,什么事都不让孩子去做。早晨起床帮孩子叠被,上学前帮孩子准备学习用具,有时经常还被孩子埋怨忘了帮他准备某些学习用具。

要知道,孩子并不是生来就是这样依赖父母的,他们的依赖一般来说都和父母的包办、代替有关。父母包办、代替得越多,孩子的依赖性就越强。反之,如果父母不插手孩子可以做的事,没有了依靠,孩子就会自己动手做了。马俊峰出生在一个富裕的家庭,父母都是公司总经理。在家里,马俊峰这根独苗简直成了"小皇帝",从来都是说一不二。父母处处唯命是从,真是"顶在头上怕摔了，含在口中怕化掉"。娇生惯养，达到了登峰造极的地步。可怜天下父母心啊！"小皇帝"一天天长大，却什么事都要依赖父母，已经上四年级了，还让父母背着走。这时候，父母才觉察到了溺爱孩子的害处，这样下去，别说让马俊峰成才，就连生活自理都成问题。夫妇俩决定改变一下爱孩子的方式，以使孩子得到正常发展，夫妇俩教子观念的转变并不为迟。可是，他们却不该由溺爱的极端走上严加限制的极端。

　　在孩子成长过程中，有一天父母会发现，喂饭时，孩子把头躲开，并伸手抢你手中的筷子或勺子。孩子的动作告诉我们什么呢？那就是他要自己吃饭。如果父母不理会孩子的动作，还是一贯地给孩子喂饭，那么久而久之，孩子也没有兴趣自己学着吃饭了。而智慧型的父母从孩子的动作中觉察到孩子的需要，并为孩子做好了自己吃的准备，如替孩子准备好了不怕摔坏的碗、适合孩子使用的筷子和勺子、适合孩子坐的椅子。当孩子在吃饭时，父母就不喂了，而是让孩子拿着勺子或筷子自己吃饭。尽管一开始孩子的动作显得十分笨拙，但每一个动作都是很认真的。当他把第一勺饭放到嘴里时，他会体味到一种从来没有过的快乐。

法则54：正确纠正"出格"的孩子

　　强烈的"出格"思想对孩子的成长是有害的，但孩子的"出格"思想也有其不可忽视的积极因素。认识到了这一点，有助于正确对待孩子的"出格"，因势利导地教育孩子。

10岁的伊雪想了好长时间才开始动笔，一出手却画了半只鸭子！陪孩子画画的父母们看见一张大纸上什么都没有，却只在画纸边上只画了半只鸭子，都觉得不可思议，开始七嘴八舌地议论起来："怎么只画个鸭屁股呀？这孩子怎么乱画呢？好好一张纸不画，画到边边上干什么？"伊雪妈妈也说："你看人家画得多好！你看你！哪有画半个鸭子的呢？怎么能画得这么不完整？都画到纸外面去了？把纸翻过去重画吧！"

老师赶紧过去看了看，说："让孩子画完，不要着急！孩子一定有她自己的想法！"果然，伊雪下笔后，似乎胸有成竹，很快完成了那幅画。老师让她给大家讲讲画的内容，伊雪简单地讲了一下她画的故事："鸭妈妈和鸭宝宝出去玩，走散了，小鸭去问青蛙妈妈：'你好！你看到我的妈妈了吗？'青蛙妈妈说没看到。小鸭又问乌龟姐姐：'你好！你看到我的妈妈了吗？'乌龟姐姐也说没看到！最后，小鸭终于找到了自己的妈妈，原来，妈妈去找妹妹了！妈妈带着小鸭和鸭妹妹一起去了游乐场！"

这时，大家才明白，原来那画面上的半只鸭子，是跟着妈妈的小鸭子。妈妈和妹妹已经走出画面了，而小鸭子才走出去一半。

看着画面，老师为孩子的创意感到欣喜。伊雪的妈妈也感到震惊。

对于一个10岁的孩子来说，做的事情虽然出乎父母的意料，可是这样丰富的想象力，是多么的宝贵啊。

现在孩子们的生存、成长环境，无论是家庭还是社会，都和父母小时候的不一样了。他们接触社会、接触新事物更早、更广泛，他们面对的世界也更精彩。这就更容易增强好奇心，容易突发奇想，有意无意地做一些"出格"的事。

针对这种情况，教育专家指出：面对孩子的诸多"出格"行为，如果父母简单地看成越轨、破坏纪律而加以批评和限制，可能就会把一些孩子的主动性和创造性扼杀在框框里。

反之，如果父母能够正确地对待孩子的"出格"行为，对他们加以正确的引导，调动他们的主动性和创造性，培养他们的创造精神和战胜困难、挫折的勇气，那么在"出格"的孩子们中间一定会出现更多人才。

教育专家指出"出格"对于孩子的成长有如下几方面的积极作用。

（1）有利于孩子独立性的发展

孩子的"出格"大多发生在青春期。青春期的孩子处在生理发育的高峰期，这一阶段也是心理发展的巨变时期。这个时期是由孩子向成人过渡的心理"断乳期"，他们不再像儿时那样依恋父母，也不再把父母看作是"至高无上"的"权威"。这样的心理，如果能悉心保护，正确引导，有利于其独立创造性的发展。

（2）有利于孩子情绪的调节

孩子处于发育的过渡时期，其中枢神经系统活动的基本过程，一般是兴奋过程强于抑制过程。有"出格"思想的孩子，是不会让情绪长期滞留在心中的，发泄后情绪会得到调节，对孩子心理健康是十分有益的。

（3）有利于培养孩子的求异思维

孩子的"出格"思想，有时是针对传统思想的束缚而产生的。传统观念认为是这样的，而具有"出格"思想的孩子偏偏认为是那样的。虽然有时可能"钻牛角尖"或失偏颇，但更多的时候，却是他们求异思维的表现，他们在试图独辟蹊径，从其他角度来观察和分析问题。

（4）有利于孩子形成开拓的个性

孩子产生"出格"思想，实质上是他们心理上对于常规的"突破"。当他们心理上一进入"突破"阶段，表现出来的，就不再是过去的听话、顺从，而是勇敢和冒险。现代社会充满着竞争，从小培养孩子好胜、敢闯的心理素质，有利于形成开拓、进取的个性。

所以，一个合格的父母应该能够正确认识和对待孩子的"出格"，并积极引导孩子，使其朝着富有建设性的健康方向发展。

法则 55："温和"讲话让孩子更听话

肯尼迪·古迪所著的《怎样让人们变成黄金》一书中有一段发人深省的话："停下来，用数秒的时间比较一下，你是如何关心自己的事情和关心他人的事情的，就会理解，别人也和你一样。而一旦你掌握了这个诀窍，你就会像罗斯福和林肯一样，拥有了做任何事的坚实基础。总之，和别人相处的关系怎样，完全取决于你在多大程度上替别人着想了。"

无独有偶,古拉得·力伊帕也和肯尼迪·古迪有相同的观点。他在《进入别人的内心世界》一书中,也有类似的一段话:"把别人的感觉和观念与自己的感觉和观念置于相同的位置,并把它表现出来,这样谈话的气氛就会融洽起来。当你在听别人谈话时,要根据对方的意思来准备自己将要说的话,那样,由于你已理解和认同了他的观点,他也就会理解和认同你的观点。"

多年来,罗克常到离家不远的公园中散步、骑马,以此作为消遣。罗克非常喜欢橡树,所以每当看到公园里一些树被烧掉时,他就十分痛心。这些火差不多都是由到园中野炊的孩子们造成的。有时火势很凶,必须叫来消防队才能扑灭。

公园的角落里有一块牌子,警告人们不要在公园玩火,违者罚款。但由于牌子竖在不起眼的角落里,很少有人看见它。公园里有警察,负责骑马巡逻,但他们对自己的工作不太认真,因此火灾仍然时常发生。

有一次,罗克又看到公园失火,就急忙跑去告诉警察快叫消防队,可没想到警察却说那不是他的事。罗克非常失望,于是罗克再到公园里散步的时候,就担负起了保护公园的义务。

当罗克看见树下起火时,就急忙上前警告那些野炊的孩子们,以威严的辞令命令孩子们把火扑灭。如果孩子们不听,就会恐吓他们,要把他们交给警察。就这样,罗克只是按照自己的想法去做,只是在发泄自己不满的情感,全然没有考虑孩子们的感觉。

结果呢,那些孩子们怀着一种反感的情绪暂时遵从了。罗克转过身去的时候,他们又生起了火堆,而且比上一次更大,并恨不得把整个公园烧尽。

随着时间的推移,罗克逐渐懂得了与人相处的道理,知道了怎样使用技巧,更懂得从别人的角度来看待问题。于是他不再发布命令,甚至恐吓,而是十分温和地与孩子进行交谈说:"孩子们,玩得高兴吗?你们在做什么晚餐?我小时候,也很喜欢生火,直到现在我仍然很喜欢。但你们知道在公园里生火是很危险的吗?这里的树木很多,极容易着火。我知道你们几个会很小心,但别的孩子就不一样了。他们来了也会学着你们生火,回家的时候却又不把火扑灭,这样就会烧掉公园里的所有树木。如果再不谨慎的话,我们就再也看不到这里的树木了。因为在这里生火,还有可能被警察抓起来。我不干涉你们的兴致,我很愿意看到你们开开心心的,但我想请你们在离开时,把火用土埋起来,并把火堆旁边的干枯树叶拨开,好吗?你们下次来公园玩时,可不可以到山丘的那一边,就在那沙坑里取火,那样就不会有任何危险了。多谢了,孩子们,祝你们玩得快乐。"

这样的说法,产生的效果可好多了!孩子们听了之后都非常听话,而且很愿意接受和合作。因为他们感到自己没有被强制服从命令。罗克为他们保全了面子,双方的感觉都很好,因为罗克在处理这件事时,完全是从孩子们的角度出发的。

如果你永远都能站在孩子的角度去考虑问题,想不让孩子听话都难。

法则 56：通过讲故事说服倔强的孩子

在说服孩子的过程中，最令孩子反感的就是家长滔滔不绝地灌输一堆大道理，而故事对于孩子来说则是心中最爱。因此，家长不妨利用寓言故事来妙喻说理，使孩子冷静深思、豁然顿悟，达到说服孩子的目的。

王强是个属鼠的孩子，由于他连续两次在考试中得了满分，不免有点飘飘然起来，今天说陈明是笨蛋，明天说成刚是弱智，只有自己才是天才。于是，爸爸便给他讲了下面的故事。

有只小老鼠外出旅游，恰好遇见两个孩子在下兽棋，小老鼠就悄悄走近去看，结果发现了一个大秘密：尽管兽棋中的老鼠可以被猫吃掉、被狼吃掉、被虎吃掉，但却可以战胜大象，于是，它由此认定，老鼠才是真正的百兽之王！这么一想，小老鼠就得意起来，从此以后，它瞧不起任何人。有一天，它趁着黑夜钻进了大象的鼻子，大象鼻子痒，就打了个喷嚏，小老鼠立刻飞了出去，"扑通"一声掉到臭水坑里！孩子，"自""大"加一点就是"臭"。今年是鼠年，你这只小老鼠会不会也掉到臭水坑里呢？要想不掉进臭水坑里，就必须遵守一个前提，这就是永不骄傲！

听了爸爸的故事，王强很快便改正了自己的缺点。

这位睿智的爸爸对孩子的缺点并未直接斥责，也未生硬地给孩子讲述大道理，而是以故事的方式巧妙比喻，让孩子自己去领会言外之意，可谓举一反三、触类旁通，收到了极好的说服效果。

一般来说，用故事来说服孩子分以下几种。

（1）借故事人物来激励孩子

以故事中的正面人物形象为听者树立一个榜样，是人们常用的劝告他人的一种方法。在将故事中的人与听者的对比过程中，明白无误地将自己的情感和主旨传达出来，因此十分富于感染力和鼓动性。

数学家苏步青上小学时成绩特差。一次他又逃课了，爸爸找到他告诫道："你不读书，别人怎会看得起你呢？如果你考前几名呢？你知道牛顿吗？他也长在农村，到城里念书时成绩也不好，同学都欺负他，瞧不起他。一次，一个成绩名列前茅的同学还故意把他打得趴在地上——他凭什么？不就是成绩比牛顿好、身体比牛顿壮吗？别看平时牛顿不敢惹他，这回可不一样了。只见牛顿猛地翻身跳了起来，将那个打他的同学逼到了墙角。那同学一见牛顿如此勇猛，不由得害怕了，只得认输，从此再也不敢欺负他了。从这件事上，牛顿得到了启发，只要有骨气，肯拼搏，就能取胜。从此他努力学习，终于取得全班第一的好成绩。"一系列的反问中，苏步青第一次听到了一位大科学家如何克服自身弱点、奋发图强的事迹，这无疑使他的心灵受到极大的震动。同时，从这个故事中，苏步青也吸取到了前进的力量。从此，他不断地发奋学习，终于使自己的学习成绩得到根本的改变。

（2）借故事人物来表达情感

任何人讲故事都带有自己一定的人生感悟或情感体验。不过，如果能自比故事中人，便容易将这种个人的情感体验巧妙地融入人物或情节之中了，同时还有可能最大限度地拓展故事本身的内涵，并借故事中人物的口吻传达出这种意蕴来。这样的感情表白也显得更为强烈、流畅和感人。

（3）借故事评述来阐明道理

有时候，我们面对的人和事，如果恰好有同类型的、相似的例子或故事可以利用，也不妨拿来同孩子的故事做一番对比，从而引申出某个道理。这样，由于对比鲜明、生动，往往能使孩子在不经意中得到自我反省的机会，从而接受父母的意见。

（4）借故事意蕴来启迪心智

人常说，当局者迷，旁观者清。对于孩子的懵懂和迷惑之处，如果能有针对性地利用富于哲理性的故事，来暗示自己的某种用意，就可能在听者心灵中撒播下一片阳光。借用寓言本身所蕴含的哲理，委婉地传达出自己的看法，暗示一种告诫之意。这比直接的劝告更容易为听者接受。

（5）借故事情趣来开导孩子

有些寓言故事颇为幽默风趣，看似是笑话，个中却一语双关，蕴含了深刻的哲理，且富于讽喻或谐趣感，显得既中听又耐听。如果我们能将这类故事巧妙地引入谈笑风生的讲述之中，就能不露声色地将自己的意思传递给对方，从而收到含蓄隽永、回味不尽、一石三鸟的效果。

法则57：不打不骂让孩子改正错误

当孩子犯了错误的时候，父母应耐心细致地做好孩子的思想工作，告诉他哪儿错了，为什么错了，同时还要告诉他，同样的错误不要重犯，要及时地纠正，要吸取教训。切莫用简单、粗暴的方式对待孩子。

葛竞刚是某小学四年级的学生，最近，老师发现葛竞刚变了，以前活泼开朗、上课积极发言的他，现在变得沉默寡言，总是一个人发呆，学习成绩也下降了。老师经过细心地了解和与葛竞刚耐心地谈话，才知道了葛竞刚变化的原因。

葛竞刚以前特别爱说话，每天放学回家后，都会把学校发生的趣事说给父母听，可葛竞刚的父亲是位车间工人，没什么文化，他把全部希望都寄托在葛竞刚身上，希望葛竞刚将来能考上大学，出人头地，因此对葛竞刚的学习抓得特别紧。他觉得葛竞刚说这些话都没用，纯粹是浪费时间，每当葛竞刚说话时，父亲总是会打断他："别说了，光说废话，一点用也没有，你把这心思放在学习上多好，快去做作业！"一次葛竞刚说班里发生的一件事，正说得兴高采烈时，父亲说："说了你多少次了，别谈这些废话，你还说，再记不住，看我不打你！"吓得葛竞刚一个字也不敢说，回到自己房间里去了。

葛竞刚以前也特别爱提问题，总爱问个"为什么"，开始时,父亲还回答,后来葛竞刚问得多了,父亲不耐烦了:"别问了,就你那么多事,问那么多干吗?去,学习去!"父亲把眼一瞪,葛竞刚不敢再说了,因为他知道父亲脾气不好,生气了会打人的,慢慢地,葛竞刚在家里话越来越少了,每天放学都闷在自己的房间里,父亲也不让他出去玩,渐渐地,葛竞刚的性格也就变了。

家长总是喜欢随意打断孩子的诉说,用命令压制孩子,不给孩子倾诉的机会,必然造成亲子之间沟通的障碍。这样,家长也就听不到孩子内心的想法。了解不到孩子的所思所想,孩子出现了什么问题,家长也不会知道,问题也就不会得到及时的解决,孩子的心理必然产生严重的消极影响。

另外,家长总是打断孩子的诉说,不给孩子说话的机会,孩子想说的话说不出来,总是憋在心里,对孩子心理发展也不利。

聪明的家长,在孩子倾诉时,不要随意打断孩子的话,而是给孩子一个尽情倾诉的机会,这样家长才能更了解孩子,而且还会拉近家长与孩子之间的距离,使父母和孩子之间的感情更融洽。

在我国,自古以来父母对孩子最拿手的教育方法就是打。"打是亲骂是爱,不打不骂是祸害""树不修不成料,儿不打不成才""棍棒底下出孝子",这都是历史上相传的教子经验。孩子犯了错,一些脾气暴躁的父母在恨铁不成钢的恼火下,失去理智地对孩子进行打骂,想以此来促使孩子改正错误。

然而,打骂这种粗暴的教育方法,不但不能达到父母的教育目的，而且会使孩子形成说谎、冷漠、孤僻、仇视、攻击等心理问题，而这些往往会成为孩子日后的不良行为，甚至成走上犯罪道路的根源，也会造成孩子出走、自杀等令父母终生遗憾的事情。

　　心理学实践证明，存在心理问题的孩子，大多是因为父母采取了"单向教育"。他们不了解孩子的内心，刻板地说教、粗暴地打骂、无情地抑制、精神性地虐待，不仅恶化了亲子关系，还让孩子丧失了安全感和归属感，从而影响孩子的身心健康和个性的健全发展。

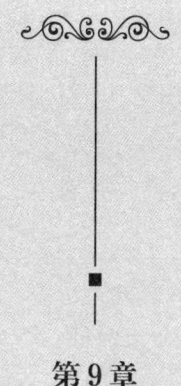

第 9 章

怎样摆脱被支配
—— 反向掌控他人的法则

现实生活中，有很多人经常受制于人、被人支配，却苦于无从摆脱。本章从如何识破谎言、如何识破骗局、如何坚守原则、如何避免心智被他人左右等方面，着重讲述：如何摆脱受别人支配的境地，如何有力地进行反向掌控，如何去支配那些企图支配你的人。

法则 58：识别"谎言"摆脱受控局面

毋庸置疑，谎言无处不在。有的是善意的谎言，而有的是欺骗的谎言。英国朴茨茅斯大学的心理学家阿尔德特·威瑞认为，人们在试着抓出撒谎者时，过多地注意身体语言的行为，不太注意言语。

一般来讲，通过交谈的几个特征，可以给识别谎言提供了线索。具体表现如下：

（1）迂回陈述

撒谎者往往拐弯抹角地说话。他们常常离题万里，提供冗长的解释，但是当被提问的时候，他们可能提供简短的回答。

（2）泛泛而论

撒谎者的解释往往粗枝大叶，很少注意细节。他们几乎不提时间、地点和感受。比如，一个撒谎者告诉你，他要去吃比萨，但是他不会告诉你他去哪儿吃。即使撒谎者提供了细节，他们也几乎不能详细地说明这些细节。所以，如果你要求一个撒谎者做详细说明，他很可能只是重复刚说过的话。一个说真话的人被问到同样的问题时，通常能够提供很多详细的信息。

（3）施放烟幕

撒谎者提供的答案往往故意把水搅浑，它们听起来好像一清二楚，实际一塌糊涂。比如，被控逃税的纽约市前市长大卫·丁金斯的辩护词："我没有犯法，我只是没能按照法律要求的去做。"

（4）矢口否认

政治谎言往往以矢口否认的形式表现出来。正如奥托·冯·俾斯麦所言："不要相信政治中任何事情，直到被正式否定。"撒谎者更可能使用否定性的陈述。比如说，在水门事件期间，尼克松总统说："我不是个骗子。"尼克松总统并没说："我是个诚实的人。"

（5）斟词酌句

撒谎者很少提及自己。与讲真话的人相比，他们使用诸如"我们、我的"之类词语的频率低得多。撒谎者往往泛化地频繁使用诸如"总是、从不、没人、人人"等词，借此在精神上使自己远离谎言。

（6）免责声明

撒谎者更有可能使用诸如"你肯定不会相信这个""我知道这听起来很怪异，但是……""我向你保证"之类的免责声明。类似于这样的免责声明，是专门用来认可别人的疑心的，目的在于减少别人的疑心。

（7）措辞拘谨

当人们在非正式的场合说真话的时候，他们更可能使用省略方式。这是因为人在撒谎时，变得更紧张，也更正式。

（8）时态

撒谎者没有意识到，其实他们有一种倾向，就是加大他们与他们所描述的事件之间的心理距离。正如我们已经看到的那样，他们往往会字斟句酌的使用过去时，而不是现在时。

（9）语速

撒谎需要大量的智力工作。因为除了评估自己谎言的可信程度外，撒谎者还要将真相和谎言分开。这使得他把说话的速度放慢了。人们之所以在撒谎前要停顿一下，之所以撒谎的语速往往比讲真话的语速慢，原因就在这里。

（10）停顿

撒谎者撒谎时多有停顿，充满了"嗯、啊"的语言顿字符。编织自发的谎言时涉及的认知工作也会导致更多的语误、口误。

（11）音高

声音的高低通常是情绪状态的指标。一旦人们心烦意乱时，音高就会增加。情绪与音高紧密相关。当人变得情绪化的时候，音高就会改变。音高的改变是很难掩饰和隐藏的。

虽然人们大量谈及某些据说与撒谎相关的行为，但是并不存在人们撒谎的特定行为。正如保罗·艾克曼所言，欺诈没有标志可言。任何姿势、面部表情或肌肉抽搐，本身都不能证明某人在撒谎。另一个研究撒谎的权威贝拉·德保罗重复了这个观点。贝拉·德保罗指出，行为标志、语言标志与欺诈之间的关系是成立的。它们可能与欺诈相关，但并不完全相关。

要成功地识别一个谎言，你需要把你的标准定得既不高也不低。这样你可以避免得出这样的结论：要么从来没人撒谎，要么人人始终撒谎。只要有可能，就要把下列两者加以对比：其一是某人被认为是在撒谎时的行为，其二是他在说真话时的行为。

要想识破一个谎言，你应该始终注意更广泛的行为线索和言论线索。为了成为一个优秀的谎言识破者，你还应该关注意识控制之外的行为，或者人们容易忽略的行为。搞清楚那个谎言是自发的还是经过预演的，是低赌注的还是高赌注的，这一点很重要。在赌注很低或那个谎言经过了预演时，完成识别谎言的任务就要困难得多。

如果你能掌握识破谎言的技巧，就能轻松掌控别人的心理，就不会受人支配。

法则59：识破"骗局"摆脱受控局面

有人曾说："人是欲望的产物，生命是欲望的延续。"人有欲望是正常的，但是如果这种欲望被骗子盯上，那就可怕了。

我们生活在一个到处充满诱惑和陷阱的社会，其中包括金钱的诱惑、美色的诱惑、名利的诱惑、地位的诱惑、情感的诱惑等，正是这些诱惑让太多的人迷失了自我、抛弃了灵魂。

制造谎言的人往往能确定对方最想得到的是什么，再把自己的欺诈包裹在这些掩饰之中。正因为人们有愿望、有欲望，才会禁不住诱惑，从而上当受骗。那么，如何识破骗局呢？

（1）通过闲谈了解他人的内心

闲谈是一种从语言的密码中破译对方心态的比较好的方式，因为闲谈大多是在一种轻松愉快的氛围下进行的，容易使对方撤除心理上的防线。

一个优秀的谈话者，非常善于将对方引出来的话题进行分析、整理，进而形成一个对对方的完整判断。

谈话是我们的日常生活中一项不可缺少的重要内容。在谈话中，虽然谈话者不是非常直观地说出自己的思法、透露出自己的观念，但随着谈话的进行，谈话者会在不知不觉、有意无意当中暴露出其性格。在这个过程中，注意谈论内容是什么，谈论者的神态和动作怎样。细心一点，一定会获得一些有益的东西。

（2）说话的速度和语气会透露人的内心

说话速度的快慢与一个人的性格绝对有关联，一个慢性子的人一般绝不会说出如连珠炮般的话语来。而同样一句话，有可能因为语气不同，而使得意思完全走样。所以，懂得从一个人谈话的速度和语气去了解对方的个性，无疑是掌握了一把开启对方心理状态的钥匙。

说话速度快的人，大多性子急躁；而那些说话慢条斯理的人，多是慢性子的人，不管遇到什么事情，总是不疾不徐，反应比别人慢半拍。另外，通常不满意对方或心怀敌意时，言谈的速度就会放慢；相反，当心里有鬼或想欺骗他人时，说话的速度大多会不由自主地加快。一个平时沉默寡言的人，突然之间变得能言善辩、喋喋不休，表明其内心有不欲人知的秘密或心虚，想用快言快语作为掩饰。

充满自信的人，谈话时多用肯定语气；缺乏自信或性格软弱者，说话的节奏多半慢条斯理、有气无力。

喜欢低声说话的人，不是缺乏自信，就是女性化的表现。

而那些说起话来没完没了，希望话题无限延长的人，其内心潜藏着唯恐被别人打断和反驳的不安，唯有这种人，才能以盛气凌人的架势一直说个不停。

喜欢用暧昧或不确定的语气、词汇来结束话题的人，通常害怕承担责任。

经常使用条件句的人，如"这只是我个人的看法""不能一概而论""在某种意义上"或"在某种情况下"等，大多是神经质和怕得罪人的个性畏缩型的人。

聆听他人讲话时，眼光始终无法集中，不是东张西望就是玩弄手指头，表示其对谈话者感到厌烦；而频频重复对方的话，表示其对此谈话内容具有高度的耐心与好奇心。

听话时不停地大幅度点头的人，表示他正认真地听对方讲话。而即使频频点头示意，但视线不集中于对方身上的人，表示对对方的话题没有共鸣；点头次数过多，或者胡乱附和的人，多半不了解对方谈话的内容；一面讲话，一面自我附和的人，大都不容许对方反驳，性情极为顽固，这种人往往无法与听者进行交流，总是一个人唱独角戏，唯我独尊。

有两种人常常可以免于受害：一种是有过教训者，自己吃过苦头；一种是生性奸诈者，惯于算计别人的人。只要你擦亮双眼，保持头脑清醒，骗子就无机可乘。

法则60：坚守"原则"摆脱受控局面

人无信不立。信用是个人的品牌，是办事的无形资本。有形资本失去了还可以重新获得，而无形资本失去了就很难重新获得。办事再困难也不能透支无形资本。

三国时期，有一次诸葛亮与司马懿交锋，双方僵持数天，司马懿就是死守阵地，不肯向蜀军发动进攻。诸葛亮为安全起见，派大将姜维、马岱把守险要关口，以防魏军突袭。

这天，长史杨仪到帐中禀报诸葛亮说："丞相上次规定士兵一百天一换班，今已到期，不知是否……"诸葛亮说："当然，依规定行事，交班。"众士兵听到消息立即收拾行李，准备离开军营。忽然探子报魏军已杀到城下，蜀兵一时慌乱起来。杨仪说："魏军来势凶猛，丞相是否把要换班的四万军兵留下，以退敌急用。"诸葛亮摆手说："不可。我们行军打仗，以信为本，让那些换班的士兵离开营房吧。"众士兵闻言感动不已，纷纷大喊："丞相如此爱护我们，我们无以报答丞相，绝不离开丞相半步。"蜀兵人人振奋，群情激昂，奋勇杀敌，魏军一路溃散，败下阵来。

诸葛亮向来恪守原则，换班的日期来到，即毫不犹豫地交班，就是司马懿来攻城也不违反原则。以信为本，诚信待人，使得诸葛亮顺利阻挡了魏军的攻势。

顾炎武曾以诗言志："生来一诺比黄金，那肯风尘负此心。"表达自己坚守信用的态度。言必信，行必果。不但是对人的尊重，更是对己的尊重。当朋友托我们给他办事时，我们能提供帮助是在情理之中。但是，办事要量力而行，不要作"言过其实"的许诺。因为，诺言能否兑现，除了个人努力的问题，还有一些客观条件的因素。平时可以办到的事，由于客观环境变化了，一时又办不到，这是常有的事。因此就需要我们在朋友面前不要轻率地许诺，更不能明知办不到的事还打肿脸充胖子。当你无法兑现诺言时，不仅得不到朋友的信任，还会失去更多的朋友。

有位车间主任在竞选厂长的演说中，许下一条诺言：保证在任期内，全厂干部职工在生活福利、工资待遇等方面有较大幅度的增长。这位领导上任后，并没有用心治厂，而是沉迷于拉关系、走后门，企图以此来挽回厂子的生产效益，到年终时，不仅工人的福利待遇未见改善，差点儿连工人的基本工资也发不出去。工人们再也不信任他，将他赶下了台。

失信于人，既显示一个人的人格卑贱，品行不端，也是一种顾眼前不顾将来，顾短暂不顾长远的愚蠢行为，这种人一件事也办不成。《没有信誉就没有一切》的文章中说："一个成熟的社会，一个有力量的社会，不但要考虑每一个人，而且还要为他们建立必要的档案，这个必要的档案并不是黑档案，而是能够向有关方面证实你的可信度的。这样，银行才可以借钱给你，商人才敢与你做生意，别人才能与你合作，公司才好聘用你，当然他也可以分期付款购房、购物……只要有证据表明你是一个信誉良好的人，信誉就是你的通行证，你就可以受人尊敬地通行于这个文明社会。如果你不讲信誉呢？只要你敢欠钱不还，或者你敢乘车逃票、撕毁合同、偷税漏税、化公为私、说谎欺骗人，总之，只要你敢有一次不讲信誉，就会上没有信誉者的黑名单，你就会失去许多许多的机会，银行不借钱给你，再没有人愿意跟你合作，邻居都要躲着你，哪家公司都不愿雇用你，自然也就没有人愿意跟你做朋友，你在这个文明社会就难以立足。"

失信于人，智者不为，大丈夫不为。笃诚、守信是一个人立身处世的根本。正所谓"一身正气，邪气难侵"，只要你始终坚守自己的原则，就不会受人支配。

法则61：避免"心智"被他人左右

那些不能累积起财富的人大多有个通病，就是没有自己的头脑，耳根子软，容易受人左右。他们任由报纸杂志和街谈巷议来替自己思考。舆论是世界上最不值钱的商品。每个人都有一箩筐的看法，随时准备加诸于他人身上。如果你思考的时候受人左右，做哪一行都不会出人头地，要化渴望为金钱，尤为不易。

曾有一个女孩，她喜欢穿大喇叭裤，头顶阿福蓬蓬头，脸上涂满五颜六色的彩妆，为此常遭到各式人士的批评。

有一天晚上，她跟一位邻居友人约好去看电影。当她以一身嬉皮士的打扮出现在朋友面前时，她朋友说："你应该换一套衣服。你扮成这个样子,我才不要跟你出门。"

她怔住了说:"要换你换。"于是她朋友走了。

这一幕正好被她母亲看到了,她母亲对她说:"你可以去换一套衣服,跟其他人一样。但你如果不想这么做,而坚强到可以承受外界嘲笑,那就坚持你的想法。但是,你必须知道,你会因此引来批评,因为与大众不同本来就不容易。"

这一席话使她受到极大震撼。她非常感激她的母亲,并一直坚持着自己的原则,活出了一个真实、与众不同的自己。

有人认为,那些不随波逐流的人,通常是一些古怪的、喜欢哗众取宠或喜欢标榜"与众不同"的人。在这方面,爱默生所采取的坚定立场一向赢得人们的敬重。他在世的时候,有很多从事反奴隶制或其他种种改革运动的人希望得到他的支持,但都遭到拒绝。爱默生当然同情这些运动,也都希望他们能做得很好。但他却不认为应该把自己的精神与能力放到这些运动上面,因为那并不是他的专长。他非常坚持这个原则,虽然因此遭人误解,也在所不惜。

几十年前,一位住在犹他州首府盐湖城的年轻人做了一件反常的事,令认识他的人大跌眼镜。在这之前,他因为工作勤勉努力、生活节俭有规律而被所有朋友称道。

他做了什么呢?原来他从银行中取出他的全部积蓄买了一辆新车,这还不是最"愚蠢"的,而是当他把新车开回家后,就在车库里动手拆卸汽车,车库里摆满了零零散散的汽车零件。他仔细检查了每个零件，然后又把汽车装好，这个行为重复了许多遍，人们对此感到大惑不解，嘲笑他是不是"疯了"。

几年后，那些嘲笑过这位年轻人的人不得不承认他们错了，因为这位年轻人具有异乎常人的远见卓识——他开始制造汽车了。他的产品领导了整个汽车工业，他还在汽车这个领域做了许多有价值的改进和革新，他成功了。这个当年反复拆装汽车的年轻人名叫沃尔特·珀西·克莱斯勒。

几乎每一个成功的故事都源于一个伟大的想法，而故事的主人公无一例外地会遇到怀疑和困境。而他们的过人之处就在于能够使这些杂音在头脑中沉寂下来，让自己静静地倾听真正的声音。他们的"疯狂"并非真的盲目，其中蕴涵着目的和方法。正因为如此，他们对自己的行为抱有积极的态度。

洛克菲勒曾对儿子说："与他人生活得不一样，这是成功的必要条件之一，而敢于进行尝试的人却非常稀少。我所下的重要决定的大多数难免招致过朋友们的批评。他们全都发出善意的警告，我所进行的一切尝试非常危险，缺少成功的希望，以及我的轻率程度是何等严重。我在取得律师的资格之后，为了进入一家毫不起眼的小公司工作，而辞去大企业的职位时，就遭到了同事的嘲笑。而今天，我们的企业却是当时所下决定的直接结果。40岁开始学习开飞艇时，多数人都认为我很无聊，因为当时孩子们还很幼小，依靠这一决断之功，我们一家人常年欢乐陶陶。"

人生短暂，做人不易，所以不要浪费时间活在别人的眼光里，也不要被信条所惑——盲从信条就是活在别人的思考结果里。不要让别人的意见淹没了自己内在的心声。最重要的是，要有跟随内心与直觉的勇气，因为你的内心与直觉知道你最想成为什么样的人。任何其他的判断与之相比都是次要的。

坚持一项并不获人支持的原则，或不随便迁就一项普遍为人支持的原则，都不是件容易的事。你有自己的头脑和心智，好好运用，自己做决定。如果你需要别人提供资料详情，才能下决心，就要不动声色、不着痕迹，不要说穿自己的目的，悄悄取得所需的资料，探究事情的真相。

总之，对于想要登上成功巅峰的你来说，千万别让自己成为别人思想的奴隶，不能让自己的头脑成为别人思想的跑马场。

法则62：免受"他人"压力的驱使

几乎所有的困难、挫折和不幸都会给人带来心理上的压力和情绪上的痛苦，都会使人面临着前进与后退、奋起与消沉的困惑。关键在于你是否能控制这种情绪，激发心理潜力，驾驭你心理的压力。

我们征服压力，改善人生，很需要培养一种崭新的、开放的思想观念，需要提高自我觉察能力，认清压力的来源和性质。这可能是一件相当困难的事，因为社会生活中有许多传统习俗的东西使人形成一种墨守成规的思维定式。你也许从小到大都认为，自己的情感是无法选择和控制的，因为总有许多事情让你自然而然地产生气愤、忧愁、压力、爱慕、喜悦、兴奋等各种各样的情绪。使人高兴的事当然谁都欢迎，可对于那些无法改变的现实，只能是勇敢地接受它，这是最明智的选择。

驾驭压力、控制自己，你就会踏上自由来往、四通八达的光明大道，那么，你人生目标的实现就会离你越来越近了。

人们在压力的驱使下，能使自己的体力和耐力达到正常情况下绝不能达到的程度。这就是为什么一个发狂的人会有正常情况下所不能有的体力。

人的潜能是相当大的，但身体潜能毕竟是有极限的，而人的心理潜力即大脑能量却巨大得不可想象的。一个人只要相信并在面临压力时开发自己的巨大潜能，就会有超凡的智慧和强大的精神力量。

所以说，人人都需要压力。只有等压力来临，才能够有效发挥潜能。需要压力固然重要，但当压力来临时必须要用一颗平静的心来对待。因为只有内心平静，你才能化压力为动力。

当你的工作和生活面临着众多的选择时，你就会感到压力，因而无法做出决定，甚至失去决定能力。那么该怎么做呢？最好明确自己的需要，以及对自己至关重要的东西，并且在重要的事项之中分出一个优先顺序。但多数人的烦恼就是有太多事情必须"优先"处理，而有些人则根本没有所谓的优先顺序。

如果你的"优先项目"实在太多，最大的可能就是你只能专心处理其中几件，其余大多数的事则让它们自生自灭。你必须提醒自己，你现在要做的决定对生活和事业都很重要。这样，你心中若能保持清明，就能较快做决定，从而使形成的压力和耗费的精力都较少。

压力来了，不要紧张，只要保持清醒的头脑，对压力做一番分析，也对自己的能力做一番评估，有计划、有步骤地实施工作，你会发现有压力状态下的效率更高、效果更好，压力不知从何时起，已经变成了一种动力。

他是音乐系的学生。当他走进练习室，钢琴上摆着一份全新的乐谱。

"又是超高难度……"他翻动着，喃喃自语，感觉自己对弹奏钢琴的信心似乎跌到了谷底，消磨殆尽。

已经三个月了！这位新的指导教授是个极有名的钢琴大师。授课第一天，他给自己的新学生一份乐谱。"试试看吧！"他说。乐谱难度颇高，学生弹得生涩僵滞、错误百出。"还不熟，回去好好练习！"教授在下课时，如此叮嘱他。

他对教授的教学感到不满，但他还是坚持照教授的吩咐去做了。

练了一个星期，第二周上课时正准备让教授验收，没想教授又给了他一份难度更高的乐谱。"试试看吧！"上星期的课，教授提也没提。他再次挣扎于更高难度的技巧挑战。第三周，更难的乐谱又出现了。同样的情形持续着，他每次在课堂上都被一份新的乐谱所困扰，感到压力越来越大。

因为上周的练习而没有驾轻就熟的感觉，他感到越来越不安、沮丧和气馁。

终于有一天，他再也忍不住了。他必须向钢琴大师提出这三个月来何以不断折磨自己的质疑。

教授没开口，而是抽出了最早的第一份乐谱，交给他。"弹奏吧！"教授以坚定的眼神望着他。

不可思议的结果发生了，连他自己都惊讶万分，他居然可以将这首曲子弹得如此美妙、如此精湛！教授又让他试了第二堂课的乐谱，他依然呈现超高水准的表现——演奏结束，他怔怔地看着教授，说不出话来。

"如果，我任由你表现最擅长的部分，可能你还在练习最早的那份乐谱，就不会有现在这样的程度……"钢琴大师缓缓地说。

人，往往习惯于表现自己所熟悉、所擅长的领域。但如果我们愿意回首，细细审视，将会恍然大悟：正是看似紧锣密鼓的工作挑战、永无休止难度渐升的环境压力，在不知不觉间养成了今日的非凡能力。所以说，有时抵抗压力不如就么承受着，顶着压力让自己不断前进，也让自己不断提高。人身上有无限的潜能，在没有压力的时候，它暗藏在心中深怀不露，而一旦受到外界压力的刺激，它就会喷发出来，使你显现出超凡的智慧和能力。那么，在你能承受的情况下，还是欢迎压力的"欺压"吧。

法则63：免受"瓦伦达心态"的支配

心理学界有一个名词叫"瓦伦达心态"。

瓦伦达是美国一个著名的高空走钢索表演者，在一次重大的表演中，不幸失足身亡。他的妻子事后说，她知道这一次一定会出事,因为他上场前老是不停地说"这次太重要了,不能失败,绝不能失败",而以前每次成功的表演,他只想着走钢索这件事本身,而不去想其他的事。后来,人们就把为了达成一种目的总是患得患失的心态,叫作"瓦伦达心态"。

美国斯坦福大学的一项研究也表明,人的大脑里的某一图像会像实际情况那样刺激人的神经系统。比如当一个高尔夫球手击球前若一再告诉自己"不要把球打进水里"时,他的大脑里往往就会出现"球掉进水里"的情景,而结果往往事与愿违,这时球大多都会掉进水里,这项研究从另一个方面证实了"瓦伦达心态"。

生活中我们时常听到来自亲朋好友的叮嘱,"走路别看手机""雨天路滑,小心摔倒""别把东西弄丢了",等等。事实上,这样的叮嘱往往也具有"瓦伦达心态"效应。

要想避免对自己不利的状况,我们在任何事物面前都要保持清醒的头脑。不必过分计较得失成败,给大脑以积极的暗示,才是胜者该具备的素质。

事实证明,很多事都是"失之东隅,收之桑榆"。只是你可能一味地盯着"失",而对"得"并未意识到罢了。比如,夫妻离婚了,在失去婚姻的同时,也得到了追求良缘的机会;亲密爱人移情别恋,在失去恋情的同时,也应该庆幸现在的及早分手,避免了浪费今后太多的时光;失意于钱赚得少,却可得意于不用为了储蓄投资而烦心。

失去与收获是相辅相成的两方面,它们都真实、客观地存在着。你不能总是看到其中一方面,而忽视另一方面。得与失,必有平衡点。你不要总因失去而痛苦，你也会有成功和收获的时候。得与失，需要你去感受和体会。如果你常感到失落，那是因为你的心胸狭窄所致；如果你常能体验获得的快乐，那是因为你的心态平和。

生活中处处都有"是舍还是得"的选择。

两个贫苦的樵夫靠上山捡柴糊口，有一天在山里发现两大包棉花，两人喜出望外，棉花价格高过柴薪数倍，将这两包棉花卖掉，足以供家人一个月衣食无忧。当下两人各自背了一包棉花，便往家赶。

走着走着，其中一名樵夫眼尖，看到山路上扔着一大捆布，走近细看，竟是上等的细麻布，足足有十匹之多。他欣喜之余，对同伴提议一同放下背负的棉花，改背麻布回家。

他的同伴却有不同的看法，认为自己背着棉花已走了一大段路，到了这里丢下棉花，岂不枉费自己先前的辛苦，坚持不愿换麻布。先前发现麻布的樵夫屡劝同伴不听，只得自己竭尽所能地背起麻布，继续前行。

又走了一段路后，背麻布的樵夫望见林中闪闪发光，待近前一看，地上竟然散落着数坛黄金，心想这下真的发财了，赶忙邀同伴放下肩头上的麻布及棉花，改用挑柴的扁担挑黄金。

他的同伴仍是那套不愿丢下棉花，以免枉费辛苦的论调，并且怀疑那些黄金不是真的，劝他不要白费力气，免得到头来一场空欢喜。

发现黄金的樵夫只好自己挑了两坛黄金，和背棉花的伙伴赶路回家。走到山下时，无缘无故下了一场大雨，两人在空旷处被淋了个透湿。更不幸的是，背棉花的樵夫背上的大包棉花，吸饱了雨水，已重得使人经受不住，那樵夫不得已，只能丢下一路辛苦舍不得放弃的棉花，空着手和挑着黄金的同伴回家去。

这个故事说明，在这大千世界中，人必须先有所舍，才能有所得，舍如同种子撒播出去，时候到了，自会结出丰收的果实。"舍"永远在"得"的前面，这不但是非常重要的顺序，更是幸福的秘诀，但是许多人却忽略了这个最奇妙的步骤。

所以，我们做人要时刻保持清醒的头脑、开阔的胸襟，审时度势，弄清对自己来说什么才是最重要的，然后主动放弃那些可有可无、不触及生命意义的东西，求得生命中最有价值、最必需、最纯粹的东西。

只有卸掉前进路上的累赘，才能禁得住别有用心的人的诱惑，才能避免被他人掌控于鼓掌，才能获得人生的主动和快乐。

法则64：通过"平衡心理"摆脱困局

月有阴晴圆缺，人有悲欢离合。生命的旅途充满崎岖和坎坷，如果患得患失，就只会被悲观、绝望窒息心智，这样的人生之旅如负重登山，举步维艰。我们应该明白：有所失才能有所得，有小失才能有大得，有局部之失才能有整体之得。

清代红顶商人胡雪岩破产时，家人为财去楼空而叹惜，他却说:"我胡雪岩本无财可破,当初我不过是一个月俸四两银子的伙计,眼下光景没什么不好。以前种种,譬如昨日死;以后种种,譬如今日生吧。"胡雪岩失去了万贯家财,却没失去心理上的平衡。

山姆是一个画家,而且是一个很不错的画家。他画快乐的世界,因为他自己就是一个很快乐的人。不过没人买他的画,因此他想起来会有些伤感,但只是一会儿。

"玩玩足球彩票吧!"他的朋友劝他,"只花2美元就可以赢很多钱。"

于是山姆花2美元买了一张彩票,并真的中了彩!他赚了500万美元。

"你瞧!"他的朋友对他说,"你多走运啊!现在你还经常画画吗?"

"我现在就只画支票上的数字!"山姆笑道。

山姆买了一幢别墅并对它进行一番装饰。他很有品位,买了很多东西:阿富汗地毯、维也纳柜橱、佛罗伦萨小桌、迈森瓷器,还有古老的威尼斯吊灯。

山姆很满足地坐下来,他点燃一支香烟,静静享受他的幸福,突然他感到很孤单,便想去看看朋友。他把烟蒂往地上一扔——在原来那个石头画室里他经常这样做——然后他出去了。

燃着的香烟静静地躺在地上,躺在华丽的阿富汗地毯上……一个小时后,别墅变成火的海洋,它被完全烧毁了。

朋友们很快知道了这个消息,纷纷来安慰山姆。"山姆,真是不幸啊！"他们说。

"怎么不幸啊？"他问。

"损失啊！山姆你现在什么都没有了。"朋友们说。

"什么呀？不过是损失了2美元。"山姆答道。

人生的许多烦恼都源于得与失的矛盾。如果单纯就事论事，两者泾渭分明。但是，从人的生活整体而言，得与失又是相互联系、密不可分的。我们不妨动动脑子认真想一想，在生活中有什么事情纯粹是利，有什么东西全然是弊？显然没有！所以，智者都晓得，天下之事，有得必有失，有失必有得。

失去与获得全在一念之间。很多人，之所以特别看重得失，源于心里的放不下，源于不会自我平衡。心理的不平衡毋庸置疑会带来不良情绪，这种心理是因为感到别人多而自己少而不满。反之，自己多而别人少，或自己好而别人差，则其心理便感到平衡了。显然，根本就是自私心理在作怪。这种由苛求公正而引起的心理压力就如同慢性毒药，使人意志消沉，整日闷闷不乐，并使成功的力量逐渐消耗殆尽，恶性循环也因此建立起来。同时，这种长期压抑的不良情绪会给人体带来持续的伤害。

怎样才能从这种不平衡的心理误区突围出去呢？

①争取客观地看待每一件事情，多一份平静豁达。

②尽量不再说："要换了我，会这样对待你吗？"或者其他类似的话，而应该说："你我有所不同，只不过我暂时难以接受这一点。"这样你就可以建立而不是断绝与别人的交往。

③不要把自己同别人或别的事情来回比较。在制订自己的目

标时，不要考虑周围的人在做什么。如果你要做一件事情，就应该全力以赴地做好它，而不必羡慕别人所具备的优越条件。

④不要根据自己的行为期待别人给予同等的待遇。例如，当你讲出"我如果晚回家总要给你打电话，你为什么不给我打电话"之类的话时，立即改正自己，大声地说："我觉得你要是给我打个电话，就更好了。"

⑤将"太不公平"之类的话改为"真令人遗憾"或"我倒真希望……"。这样，你就不至于对这个世界产生不切实际的期望，并逐步接受你并不赞赏的现实。

⑥不要再让别人左右你的情绪。这样，在别人未按你的意愿行事时，也就不会陷入愤懑中。

记住，由于苛求公正所造成的心理压力并不是因为他人、事件或环境造成的，而是由于自己的情绪反应所引起的。所以只有自己的力量才能改善困境。

后　记

　　人们常说"知人知面不知心",意即人心最难测量。事实上,只要我们细致观察,很容易从一个人的只言片语、一个表情动作、一个眼神、一举手一投足等来洞悉他人的内心世界。

　　所谓"相由心生",一个人即使再会伪装,短时期内能给人造成假象或错觉,让人误以为其人可信、可交。但时间长了就会原形毕露,再精明的伪装也总有暴露的时候。

　　有一句成语叫"察言观色",意思是说通过观察别人说的话和说话时的神色就可揣摩到他的内心。一个人在关键时刻能否做出正确的决断,往往能显现出他将来能否成就大事。

　　《相经》上说:"一个人的贵贱取决于骨骼,而寿命的长短则取决于其精神气质的虚实。"

　　"人活的是一口气。凡呼吸均长缓慢的就寿长,相反则寿短。骨肉坚硬的人寿长但一生欢乐少,骨肉柔软的人寿短但一生很快活。"

　　《左传》中有这样一则故事:

　　有一次,鲁国的襄仲出使齐国。他回国后说:"我在齐国听说他们要来吃我国的小麦。依我判断,他们是做不到的。因为齐王说话的口气吱吱唔唔、吞吞吐吐。臧文仲就曾有言：'国王说话吱唔含糊，就快死了。'"

因结盟成功，郑悼公就去晋国拜谢。在举行授受玉璧的典礼时，按照礼仪规定，两国中地位相等的人应该站在位于两楹柱间的正堂；地位不相等时，客方应该站在东面楹柱的西边。郑悼公却忽视了这一重要礼节，快步走到了东边。晋大夫贞伯看见此种情形，说："郑伯恐怕快死了吧？他这是在抛弃自己啊！他目光涣散，脚步匆忙，不安于现有之位，大概活不了多久了！"果如贞伯所言，郑悼公死在当年六月。

郑悼公之所以出现站错位置的情形，完全就是其内心慌乱、不确定的一种心理反应。因此，智者总能通过其言行对其内心的真实想法做出正确的判断。

有一次，周景王派单成公到戚邑去会见韩宣子。单成公目光呆滞，目光下垂，言语迟缓。叔向说："成公快要死了吧？大臣上朝和会见诸侯都是有一定的秩序的。上衣的左右襟要在胸前交会，腰带的结子要打在前面。会见和上朝时所说的话，一定要让别人听得到，目的就是为了把事讲得明白而有条理。而且，容貌应端庄，目光不能超出腰带结和衣领之间的范围。用语言明确表述所说之事，再用容貌加强它，不遵守这些准则就有损形象。现在，成公作为一个特派长官，在传达周王的命令时目光还高不过腰带的部位，声音很小，神情委靡，言语含糊。神情不振就无法让人敬重，言语不清就无法让人遵从。这一切都表明他已经没有守护身体的生气了。"果如叔向所言,单公果然就死在当年的冬天。

上述两则故事是发生在我国春秋时代真实的历史事例,都说明了人内心的征兆一定会通过音容相貌、言谈举止表现出来,从而也可以作为判断一个人心态甚至预测其命运的依据。

我们为什么总受别人的影响和支配?我们为什么不能摆脱受控的局面,主动去支配别人?无论你是商界人士还是政界人士,无论是领导还是普通职员,你一定曾如此迫切地希望自己摆脱现实生活的桎梏,你是如此渴望自己成为那个极具影响力、掌控全局的人。但你一定要知道:你一切意愿的达成,都要从你的强大的内在开始。你只有具备了超凡的识人之法,才能了解他人的真实想法和意图,才能适时地做出正确的判断,从而让事情朝着你想要的方向发展。那么,《影响力心理学》就是助你识人、成事的不二之选。

在现代这个飞速发展的多元化社会,无论在事业上还是在生活中是否取得成功,都取决于你的基本生存能力以及识人、识事的能力。诚愿本书能令你茅塞顿开,为你提供最想要的"攻心"智慧、策略和技巧,提高你影响他人的能力,进而助你取得更大的成功。